大夏书系 | 教师专业发展

思维改变课堂

思维素养导向的教学与测评

赵希斌 著

华东师范大学出版社
·上海·

图书在版编目（CIP）数据

思维改变课堂：思维素养导向的教学与测评／赵希斌著.
—上海：华东师范大学出版社，2025. — ISBN 978-7-5760-6199-4

Ⅰ. G632.421

中国国家版本馆 CIP 数据核字第 2025MV9138 号

大夏书系 ｜ 教师专业发展

思维改变课堂：思维素养导向的教学与测评

著　　者	赵希斌
责任编辑	任红瑚
责任校对	杨　坤
封面设计	淡晓库

出版发行	华东师范大学出版社
社　　址	上海市中山北路 3663 号　邮编 200062
网　　址	www.ecnupress.com.cn
电　　话	021-60821666　行政传真 021-62572105
客服电话	021-62865537
邮购电话	021-62869887
地　　址	上海市中山北路 3663 号华东师范大学校内先锋路口
网　　店	http://hdsdcbs.tmall.com/
印 刷 者	北京汇林印务有限公司
开　　本	890×1240　32 开
印　　张	8.5
字　　数	180 千字
版　　次	2025 年 7 月第一版
印　　次	2025 年 7 月第一次
印　　数	4 100
书　　号	ISBN 978-7-5760-6199-4
定　　价	59.80 元

出 版 人　王　焰

（如发现本版图书有印订质量问题，请寄回本社市场部调换或电话 021-62865537 联系）

目 录

前 言 /001

第一章
思维素养的内涵 /001

案例1：指向自然科学的思维素养 /001
案例2：指向社会科学的思维素养 /004
案例3：指向艺术的思维素养 /009
 一、抽象：思维的核心 /012
  （一）抽象的概念及价值 /012
  （二）抽象的发生与发展 /015
 二、理解：思维的关键 /019
  （一）理解的内涵及价值 /019
  （二）理解的具体表现 /026

三、逻辑：思维的规则 /030

　　（一）逻辑的含义 /031

　　（二）演绎逻辑 /033

　　（三）归纳逻辑 /036

　　（四）情感逻辑 /039

　　（五）非形式逻辑谬误 /043

四、辩证：思维的框架 /051

　　（一）普遍联系的系统观 /052

　　（二）动态演进的发展观 /062

　　（三）对立统一的矛盾观 /067

五、知识：思维的载体 /073

　　（一）知识和思维互为因果 /074

　　（二）知识是思维的驱动与载体 /076

第二章
思维的目的、分类及过程 /081

一、思维的目的 /081
  (一) 解释现象：是什么和为什么 /082
  (二) 解决问题：怎么办 /086

二、思维的分类 /089
  (一) 自然科学思维 /089
  (二) 社会科学思维 /094
  (三) 艺术思维 /105
  (四) 数学与哲学思维 /109

三、具体的思维过程 /123
  (一) 基础过程 /124
  (二) 高阶过程 /152

第三章
思维素养的测评 /191

一、设置高品质测评问题 /192
  (一)激发学生思维的兴趣和主动性 /192
  (二)三种问题生成方式 /195
  (三)加强问题生成的互动性 /201
二、强化表现性评价 /205
  (一)表现性评价的内涵与意义 /206
  (二)设置真实的情境与真正的任务 /211
  (三)注重开放性和过程性 /221
  (四)保证表现性评价的评分质量 /236

附录1 课程标准中与思维相关的内容 /245
附录2 一个有关思维素养培养的教学案例 /251
附录3 具体思维过程索引 /257
后 记 /259

前言
PREFACE

思维素养是学生最核心的能力和素质,对其一生的可持续发展有极其重要的影响。当前,中小学各学科都将思维素养的培养作为关键的课程目标。思维素养的意义和内涵是什么?如何通过教学提高学生的思维素养?如何对思维素养进行测评?这是本书要面对和解决的问题。

思维素养是决定个体生存和发展状况最重要的因素。未成年的学生要完成各项学习任务,包括获得知识、掌握技能、提升审美能力、形成自控与反思能力、发现和认识自我、设立人生目标,等等,思维素养对其中每项任务的完成都有决定性影响。思维素养全面驱动和塑造学生的认知、情感、价值观,其中认知能力是思维素养的核心,学生藉此聚焦、收集、处理信息,在此基础上认识世界和自我,面对挑战和解决问题。

例如,一个人说:"我这个人情商低,总是不知不觉得罪别人。""情商"指向情绪情感和人际互动,但事实上,思维及认知能力是决定"情商"的一个重要因素。"总是得罪人",而且还"不知不觉",不正体现了此人感知、决策、反思能力的不足吗?从价值观方面看，人的一生要"择善而从之"，而"择"需要以思维能力为基础，学生要能够"发现"有意义的人生目标，对是非善恶做出判断，学习榜样并从中汲取力量，这些不也都受到个体思维及认知能力的影响吗？

基础教育要给学生打下人生发展的基础，思维素养就是最重要、最关键的基础。毛泽东提出"应该使受教育者在德育、智育、体育几方面都得到发展"；江泽民、胡锦涛进一步提出"促进德育、智育、体育、美育有机融合，提高学生综合素质"；习近平提出要努力"培养德智体美劳全面发展的社会主义建设者和接班人"。[1] 从"德智体"到"德智体美"再到"德智体美劳"，"智育"一直是基础教育的中心任务。

"授之以鱼不如授之以渔"已成为教育的共识与追求，如果知识是"鱼"的话，思维就是"渔"。杜威在《思维与教学》的序言中指出[2]：

> 现在学校苦于课程的繁多，每一课目又各有它的繁复的原则和

---

[1] 江大伟：《新中国成立以来党的教育方针的一脉相承性》，《东岳论丛》2021年第4期。
[2] ［美］约翰·杜威：《思维与教学》，孟宪承译，载杜成宪主编：《孟宪承全集·实用主义思维与教学》，上海人民出版社2022年版，第127页。

教材；教师苦于工作的加重，团体教学以外，又添上了个别的指导。如果找不到一种统一性的线索、简单化的元素，那么，这一切结果也徒陷于纷乱。本书所代表的信念是：这统一的元素，就在于所谓科学的思维态度的养成。

杜威提出的问题也正是我们当前要反思和解决的问题：课程内容很多，课业负担很重，可是，我们的教学是否有效地促进了学生的发展？杜威提出"统一的元素"——科学的思维态度的养成，其核心就是个体的思维素养，对学生来说，这确实是最需要养成的素质，对教学来说也是最值得追求、必须实现的目标。

基于教学提高学生思维素养面临一个困难——缺乏对思维素养内涵及其具体表现的理解。举例而言，饮食要"营养均衡"，毫无疑问这个理念是正确的，但具体要摄入哪些营养？普遍易得的食物载体是什么？如何在传统习惯的基础上因地制宜进行调整？只有解决了这些"具体"问题，才能将"营养均衡"真正落实。

当前，批判性思维、创造性思维、探究性思维、实践性思维等可谓是教育领域的热门词，可这些思维素养就像"营养均衡"这个概念一样是高度复合性的。各学科课程标准中也有很多关于思维的提法，包括广泛传播的布卢姆教育目标分类中的"认知过程"，也即思维过程，包括记忆、理解、应用、分析、评价、创造[1]也都是复合性的，要完成这些认知任务都需要调动多种具体思维过程。因此，我们必须解析复合思维过程中蕴含哪些具体的、元素级的思维过程，它们才是思维素养培养及测评实实在在的抓手，通过调动和训练这些具体的、元素级的思维过程，才能最终实现提高学生思维素养这一目标。

本书第一章澄清了思维素养的内涵，为思维素养的培养、测评奠定了基础。第二章分析了思维的目的、分类及过程，有助于实现思维素养培养、测评的任务化，从而将思维素养的培养、测评更好地"嵌入"到教学活动中。本章呈现并分析了22组具体的、元素级的心理过程，这些思维过程大多是人类个体与生俱来、预置的心理机能，是组成所有复杂、复合思维的元素与构件。本书力求将这些具体思维过程与教学紧密关联起来，通过具体的例子说明其在教学中的表现，分析如何在教学中调动和优化学生的思维过程，为此还提出了可用于教学、测评的问题样例供读者参考。第三章分析如何对学生的思维素养进行测评，主要包括提出高质

---

[1] 这是2001年修订的内容，1956年布卢姆首次提出的6个认知过程分别为：记忆、理解、应用、分析、综合、评价。参见［美］安德森等：《布卢姆教育目标分类学：分类学视野下的学与教及其评测》，蒋小平等译，外语教学与研究出版社2009年版。

量测评问题和强化表现性评价。

  本书还有三个附录,附录 1 是 7—9 年级各学科课程标准中与思维素养相关的内容[1],这是设定各学科思维素养培养、测评目标的依据,教师在阅读本书时,可结合此内容思考如何将思维素养的培养、测评落实到学科教学中。附录 2 是一个教学案例,基于学以致用的理念创设真实情境,加强与学生的互动,充分调动学生多重、多向的思维过程,为教师提供了将思维素养的培养落实到教学中的现实策略。附录 3 是具体思维过程索引,方便读者查找 22 组思维过程。

---

[1] 见中华人民共和国教育部制定的《义务教育课程方案和课程标准(2022 年版)》。

第一章
思维素养的内涵

什么是思维素养,其形态、功能和要素是怎样的?只有明确回答了这个问题,才能保证思维素养培养、测评的准确性和有效性。为了回答这一问题,我们先来看三个有关思维素养的案例,其内容分别指向自然科学、社会科学和艺术。这三个案例的重要性在于,它们生动、典型地表现出接受了基础教育的学生应有怎样的思维表现,应具备怎样的思维素养,而这高度契合了教育的目标——为学生成为能应对各种挑战的、合格的公民奠定基础。

案例1:指向自然科学的思维素养

去年春节回老家,家里的冰箱因继电器失灵导致压缩机不停机,家人只好手动插拔电源。春节期间商超及网购平台都暂停送货,冰箱维修站点也均关闭,无法立即买一个新冰箱或对其进行维修。我想到家里有一个电源定时器,可以15分钟为单位设定电源的开闭。我把定时器找了出来,却遇到一个问题:该如何设定开闭间隔呢?母亲说,就让它开半小时停半小时。我觉得这样太随意,就查看了冰箱背后的铭牌，它标注此冰箱每天额定耗电量是 0.86 度，压缩机功率是 180 瓦。我做了计算：如果压缩机不停，24 小时的耗电量是 24×0.18 = 4.32 度，其标称耗电量 0.86 度，是 4.32 度的 0.2 倍，这意味着每 1 小时压缩机应工作 12 分钟。

1 小时只工作 12 分钟？我对此计算结果感到怀疑，因为这与日常经验明显不符，压缩机实际工作时间应该比这个长。对上述计算复核无误后，我想也许额定耗电量测定条件与人们日常使用情况不同，如在冰箱里放东西及开关门，放什么东西、放多少、怎么放、冰箱门多长时间开一次、每次开多长时间，等等，这些因素很难标准化。冰箱不放东西不开门，这样标定的耗电量就是"最低值""理想值"。

事实是这样吗？我在网络搜索平台输入"厂家如何标称冰箱额定耗电量"，其中有一个搜索结果是："冰箱额定耗电量以国家标准规定之标准工况条件下，进行模拟试验后，得出 24 小时所消耗的电量。"它并没有说标准工况是什么，但其中提到"国标"，这是一个极重要的信息，说明额定耗电量的测量是有国家标准的。我输入关键词"冰箱额定耗电量国标"，结果中出现了当前使用的国家标准化管理委员会 2015 年 9 月 18 日颁布的《家用电冰箱耗电量限定值及能效等级（GB 12021.2-2015）》。该标准长达 93 页，极为详细地说明了冰箱耗电量测量及能效等级评定的程序和标准。将速览与重点阅读相结合，我找到了与设定定时器有关的若干关键信息：

①耗电量分别在环境温度 16℃和 32℃两种情况下进行测算。

②测试冰箱内是放东西的——"进行各项性能试验时，应使用具有直角平行六面体形状的试验包"。冻结前试验包的尺寸 50mm×100mm×100mm，重量 500g。试验包有两种：第一种，每

1000g 填充材料含有羟乙基甲基纤维素 230g，水 764.2g，氯化钠 5g，对氯间甲酚 0.8g，冻结点为 –1℃。有趣的是，标准称此填充材料"热学性能相当于瘦牛肉"。第二种材料与第一种成分相同，配比略有差异，冻结点为 –5℃。

③耗电量测算要开关冰箱门并且置入热负荷——标准中的"装载耗电量试验"说明："量化与用户使用相关的耗电量增量，例如开门并冷却热的食物或饮料所产生的额外的能量消耗。该试验所测得的耗电量与冰箱常规关门测得的耗电量相结合得到一个总的耗电量。"

可是，还有一个关键信息我反复阅读该材料也未能找到，即在冰箱内置入多少及如何放置试验包。我在网络上搜索"冰箱内放多少试验包"，其中一个结果是深圳市某公司的网址，该公司生产符合国标的冰箱冷冻负载试验包，公司网页详细介绍了试验包的使用方法："冷藏室和冷冻室内应尽量多放试验包。先尽可能多地堆放质量为 1000g 的试验包（50mm×100mm×200 mm），然后置入 500g（50mm×100mm×100mm）的试验包，如果还有剩余空间，再置入 125g（50mm×50mm×50mm）的试验包。"

通过这些资料我认识到，国标要求在模拟用户真实使用情境的基础上测算冰箱额定用电量。这样的话，上面我测算的 1 小时工作 12 分钟是合理的。但问题在于，在实际使用冰箱的过程中，有时我们会放入热容量更高的物品，或更频繁开关冰箱门，或更长时间地打开冰箱门，这些都会让压缩机更频繁启动或工作更长时间；当然，有些时候我们长时间不开冰箱门，或冰箱内物品很少，这又会让压缩机更少启动或缩短其工作时间。因此，我家的冰箱压缩机每 1 小时真正的工作时间应当是在 12 分钟上下。正常的温控继电器会根据设定温度"自动"调整压缩机工作时间,可现在我只能用定时器设置一个固定的压缩机启停时间。基于"宁多勿少"的原则,我将测算值扩大一倍,让压缩机一小时工作24分钟。因为手头的计时器是以15分钟为单位的,最终我设定成半小时通电、半小时断电。

经过这个相当复杂的过程,我最终设好了定时器,冰箱也暂时正常工作了。母亲看我忙活半天,问我怎么设置的。我说,"工作半小时停半小时"。母亲哈哈大笑,她说:"我不早就跟你说这么设置吗?你忙活半天弄了个啥?"哈哈,我也笑了,我还能说什么呢?

这个案例是我的亲身经历。这个案例中要解决的问题看似简单,却对个体的思维能力提出了相当全面和较高的要求,涉及多项思维技能,对个体发现问题、解决问题的意识也是一个考验。基于此有必要审思的是:我们的理科教育真正理解并重视培养学生学以致用的思维能力吗?作为一种复合性的思维能力,学以致用包含哪些具体的思维过程,如何在教学中对这一思维素养进行培养和测评?

案例2:指向社会科学的思维素养

网名"棱镜Talk"的网友在自媒体平台发布了时政评论:《米莱当选总统的真正原因——阿根廷预演西方制度终局》,我们来看其中的部分内容(略有删改):

2016年,美国政治素人特朗普打败资深政客希拉里·克林顿入主白宫，2023年，更加疯狂的米莱成功当选阿根廷总统，再次冲击了人们对这种政治活动的想象。

1831年，20岁的霍勒斯·格里利离开家乡到纽约一家报社当印刷工，并借此机会学习写作。1834年，凭借异于常人的文字天赋，格里利在《纽约客》杂志担任主编，第一期发行量便高达9000份。同年，反对时任总统杰克逊的数名国会议员创立了辉格党，也就是共和党的前身，作为一个新生政党，他们急需扩大自己的政治影响力。在那个时代，除了现场集会外，报纸是各党派宣传自己政治路线的主要战场。政客的竞选理念经过报社编辑的润色，凝聚成一篇篇华丽的文章，报童们再将这些文章送到教师、牧师、医生、律师等接受过良好教育的人手中，他们再通过酒馆聊天、演讲、布道影响当地社区的选票。于是拥有优秀文笔、逻辑表达能力强、知识丰富的文字编辑就成了政客们争抢的关键资源。……

1848年，格里利本人也当选纽约第六选区众议院议员。他结识了亚伯拉罕·林肯后，开始在自己的报刊中宣传废奴主义思想，并在1860年大选中支持林肯。此时他创办的《纽约论坛报》订阅数量高达30万份，是当时全美影响力最大的报纸，一度被人们称为美国的政治圣经，南部的蓄奴州甚至一度禁止该报的发行。林肯曾表示，格里利的坚定支持对他来说犹如拥有了一支十万大军。1860年11月，林肯赢下选举入主白宫。

阅读是一项严肃的活动，文章需要用详实的资料和缜密的逻辑打动和说服读者。格里利创办的《纽约论坛报》曾聘请大量思想家为其供稿，包括马克思和恩格斯，他们在该报上刊登了近500篇文章。面对动辄数千字的社论，民众需要有相当高的受教育程度、良好的思考习惯以及逻辑和判断能力。因此，政客要想获得选票，首先要说服的是受过良好教育，具有一定身份地位的知识分子、商人、士绅等。

收音机与电视机的出现极大地改变了政客与民众之间的互动方式，也影响了选票和权力的流动方向。1948年，仅有1%的美国家庭拥有电视机，到1955年这一比例提升到75%。与报纸不同，电视通过传播画面，极大降低了信息获取和理解的门槛，对政客来说，他们终于可以直接向选民宣传自己的理念以争取选票。

1952年9月，艾森豪威尔同顶级广告公司创始人里夫斯合作拍摄竞选影片。里夫斯对电视媒体的理解远超同时代的人，他成功让艾森豪威尔意识到，长篇大论的时代已经过去，情绪和感染力才是打动观众的秘诀。于是艾森豪威尔摈弃了传统的演讲模式，将原本长达一个小时的稿件剪切为一分钟左右的问答短片。为了让艾森豪威尔在镜头前有更好的形象，里夫斯为这位年逾60的将军精心做了造型设计，还联合迪士尼公司制作了动画竞选广告，并邀请好莱坞明星录制推广视频。相比之下，他的对手，民主党人阿德莱·史蒂文森仍然沿用纸媒时代的经验，将长达半小时的演讲发布在电视频道上，还嘲讽艾森豪威尔的做法是将总统职位当成罐头出售。然而，对艾森豪威尔的"营销"是有效的，他以55%的超高得票率赢得大选，结束了民主党连续20年把持白宫的历史。

1960年9月26日，肯尼迪与尼克松举行了美国历史上第一场总统候选人电视辩论。根据辩论后的采访，几乎所有使用收音机收听辩论的民众都认为尼克松赢得了辩论，然而那些在电视上观看辩论的人都认为肯尼迪赢了。因为尼克松拒绝化妆，在镜头前的形象非常糟糕，相比之下年轻的肯尼迪更加注重自身形象，聘请了专业的造型师为他设计竞选形象，一个被层层包装的"明星"，更有可能击败一个在政坛摸爬滚打多年的政客。1980年，电影明星里根同样用实际行动证明了这一点。

2023年，费尔南多·塞里梅多成为阿根廷总统候选人米莱的数字战略顾问，负责构建基于互联网的竞选支持平台。互联网时代，制造和传递信息的成本几乎为零，政客的首要目标变成了争夺选民的注意力，最佳策略是制造尽量多的信息，选取其中最能唤起选民共鸣的议题再进行放大。在帮助米莱竞选的过程中，塞里梅多经常对工作人员说的一句话是"赞美和批评并不重要，重要的是让人们谈论你"。7月27日，在接受记者采访时，米莱声称支持器官买卖合法化。9月4日，米莱向《经济学人》记者表示，自己会和家里养的5只狗讨论时政话题，称它们是最好的政治分析家。9月12日，米莱在竞选集会中挥舞电锯声嘶力竭的癫狂形象在互联网上疯传。10月，米莱的姐姐在几乎没有任何有效证据的情况下，向选举法院提起诉讼，声称8月份的第一轮公投中出现舞弊行为，米莱的选票被对手窃取。11月，米莱在一个短视频中将写有政府部门的贴条，一张张撕掉并大喊"滚蛋"。

米莱竭尽全力地博取民众的眼球——夸张的动作、极端的言论、骇人听闻的假消息，不在乎对错，不在乎是否符合逻辑。由于恶性通胀，阿根廷失业率飙升，贫富差距扩大，因此米莱提出了废除央行、全面美元化、砍掉政府部门等政策。不可否认，这些非常激进的政策有一定的合理性，可是，这些政策并不是深入调研、深思熟虑、理性分析的结果，而是由竞选团队首先抛出一堆没有联系甚至相互矛盾的观点，然后根据选民的关注度和反馈，通过大数据筛选出最能激起选民认同的观点，据此推出相应的政策并大肆宣传。实际上，在选举过程中米莱曾多次根据选民反馈调整自己的选举主张,例如,11月初,阿根廷大选进入第二轮,为了争取中间选民的支持,米莱便更改了之前的选举口号,称不会将医疗保健和教育私有化,更不会允许无限制持有武器。

米莱相信自己的政策吗?他的政治理想是什么?他真的是哈耶克的信徒吗?这些问题既没有答案也根本无关紧要,唯一能够确定的是,米莱是一个彻彻底底的实用主义者,他只是根据网络大数据的反馈说出那些能够让自己赢得大选的话。

米莱的崛起是互联网时代西方选举政治的缩影。治理国家的各项政策的合理性、系统性、长期性、可执行性,被狂热的、娱乐化的政治表演的泡沫淹没。政客与演员、明星的界限越来越模糊,他们必须精通揣摩选民们的心理并激起他们的狂热。选民的振臂高呼、激动落泪、挥舞旗帜、粗野谩骂如皮影戏一般,政客冷静地观察这一场演出,他们不在乎幕布上一张张兴奋到扭曲的脸庞,而是紧盯着投射其上的能决定其是否上位的、从选民身上抽取的重重叠叠的数据。

我非常喜欢这个案例!此文主题重大、资料丰富、逻辑严谨、视角独特。作者的写作技巧也很好,抽丝剥茧,娓娓道来,从中我们能看到多重、多向的思维过程。写出这么高水平的文章需要多么强大的思考力,多么深厚的思维素养!这样的一篇稿子其应用范围非常广,稍加调整就可以成为教师的教案、记者的时政报道、研究者的学术论文、智库的咨询报告,等等,这也生动地证明了思维能力是支持学生一生可持续发展的最重要的素质。

案例3：指向艺术的思维素养

网名"酒酿萝卜皮尔"的网友2023年8月6日在自媒体平台上发表了一篇文章（略有删改）：

只因为做饭打不着火，我妈一进门就怒吼："没做饭？！"我平静地说打不着火。她看见我打的鸡蛋，更是怒不可遏："天天就知道西红柿炒鸡蛋！西红柿炒鸡蛋！"

我的耳朵被震得疼，还有点耳鸣，声音实在太大了。我说我打算炒冰箱里的西葫芦。我妈继续怒吼："也不知道都切好，光切个西红柿！"

"砰"的一声，客厅桌上的阳光玫瑰摔得稀巴烂。她说："我让你吃！要不要脸吃别人的东西！"哦，那是我男朋友爸爸给我寄的阳光玫瑰，他怕我不够吃给我寄了两箱，一箱紫宝石，一箱阳光玫瑰。我好羡慕他们家的氛围啊，妈妈像朋友，爸爸对他也很好，儿子有喜欢的人了也会帮着出主意怎么对我好。

葡萄"惨死"在地上，果汁四溅，像我的心碎在那儿，血液飞溅。我好难过啊。

爸爸回来了，他打开门看到这"血腥"的场景，特别生气，问怎么回事。我很委屈但尽量保持平静："我妈妈扔的。"

爸爸说："你去收一下不行吗？！"我再次重复说是妈妈扔的。"我还想吃呢！她给我扔了！"

爸爸开始攻击我："你不做饭天天在沙发上一趴，你有什么本事！我不是说过吗？让你放假回家做饭！练一练！就你这样你对象怎么看上你的?"

眼泪止不住地流。我开始反击:"我一假期什么饭都没有做!是吧!我就是没本事。"我说我没打着火!我菜都切好了,我鸡蛋也打好了,打不着火,我跟我弟拿打火机也打不着火!

我爸转头看向厨房,我妈在做饭,打着火了,他说:"这不是打得着吗?你告诉我你怎么打的!天天就这么个能耐,不知道自己什么本事!"

我说我就是没本事,他说你没本事你还不谦虚点,我说我让弟弟给你们打视频问了,你说用打火机,我们就是用打火机,就是点不着。我爸说,那为什么你妈回来就点着了?那不就是你不行,你做得不对!

我快崩溃了,我说我就是打不着火,不信你问弟弟。弟弟听到争吵声在屋子里不敢出来,我嘶吼着弟弟的名字。我不知道我为什么叫他,他也不是救星,但他能证明我吧。

我爸说,你就知道天天使唤你弟弟!你过来!我看看你怎么打的火!他把我拉到厨房,我拿打火机一点,唉,点着了。我爸说这不是着了吗?!我气得浑身发抖。

我爸开始疯狂输出:"你就这点本事,连顿饭都做不成!"我用手掐着自己的胳膊,实在忍不住了,我崩溃地大哭。我"啊啊啊啊"地大声呻吟着,手狂扇自己的脑瓜。我不知道怎么发泄,也不可能打别人吧,只能揍自己,揍死自己,感觉死了就好了。

我爸说,你看看你那个委屈样,我冤枉了你似的!我的心拧在了一起,我拍自己的胸口,使劲拍了好几下,我真希望能猝死。可惜没有,我还活着。

我走出来,看着客厅地板上的葡萄。它们是无辜的,我把破碎的葡萄捡了起来。碎得太严重，掉了好多，那些跟枝蔓分离的葡萄因为突然的冲击力爆破了，流了好多汁水。

我把它们捡起来，吹了吹，吃掉了。好甜，嘿嘿嘿……我不能告诉男朋友！他的家庭那么好，我告诉他他可能会心疼我的，我把伤口给他看，他就会知道往哪里戳我最疼，我不敢冒这个险。

男朋友给我发消息说他回到宿舍了，我回了个"吃瓜"的表情。后来我在卧室流泪哭泣的时候，听到我妈跟我爸小声说，她回来也打了半天火才打着火的。

真是又好气又好笑……

很感人！这不只是一个人，而是一群人、一类人的经历；这不只是一个生活片段，而是一种含有宿命意味的生命样态；这不只是一件生活琐事，而是有血肉关联却又相互陌生的人的撕扯……当前，"文科无用论""艺术无用论"甚嚣尘上，案例2和此例分别是对此谬论的有力回击！这是一篇具有文学意味的记叙性散文。作者借助文学手法表达了多重、多向的情感。请自问："我是有感情的人吗？我的生活中有感动吗？我需要表达自己的感动与感情吗？如果需要，我能表达这份感动吗？"认识自然、改造自然很重要，刻画、改变人的内心与情感世界不重要吗？而要做到这一点，同样需要我们具有强大的思考力。以此作品为例，作者要再现、聚焦动人的细节，用文字准确而又生动地表征这些细节，这其中包括对先后、轻重、多寡、明暗、彼此等多个要素的把握与安排。

请读者仔细审视这三个案例，在阅读本书的过程中以这些案例为对照，更好地理解、体会思维素养的内涵与价值，并且与各学科相关联，构想如何基于教学提升学生的思维素养。基于这些案例，我们提出本书的一个核心问题——思维素养的内涵与关键表现是什么？下面我们从思维的核心、思维的关键、思维的规则、思维的框架四个方面阐明思维素养的内涵与关键表现。

一、抽象：思维的核心

中小学生学习的知识，尤其是教材中的知识，绝大部分都是抽象的，其本质是人类对自然、社会、自我的认识，这种认识是以抽象的形式——文字、符号、图形——表达出来。上面三个案例即显示了自然科学、社会科学及艺术中抽象的概念、原理、陈述、论证、公式。从思维的角度看，学生的学习就是在重演知识抽象的过程，他们的思维能力也在这个过程中得以形成和提高。基于此，我们必须理解抽象的思维过程是怎样的，抽象与具象的关系，以及学生的抽象思维是如何建立与发展的。

（一）抽象的概念及价值

"抽"可理解为"抽取"，"象"可理解为表象、具象，"抽象"就是从表象、具象中"抽取"出本质的内容。列宁说："物质的抽象，自然规律的抽象，价值的抽象等等，一句话，那一切科学的（正确的、郑重的、不是荒唐的）抽象，都更深刻、更正确、更完全地反映着自然。"[①]基于抽象我们能够认识事物的本质和发展规律，使认识的有效性、深刻性大大增加，就像把原石剖开而展现或得到其中的美玉。例如，人们基于日常观察发现木头和竹子能漂浮在水面，这是对现实世界形成的具象认识，据此人们制作出独木舟和竹

---

① 列宁：《哲学笔记》，人民出版社1974年版，第181页。

筏。当人们抽象出计算浮力的物理公式：$F=\rho V g$（F 指物体在液体中受到的浮力，ρ 指液体密度，V 指物体排开液体的体积，g 指常数 9.8N/kg），就能表征所有物体在所有液体中所受的浮力，并据此制作大小、形态、材质各异的船体，而且能做到高度精确化。

抽象思维的价值是透过现象看本质，什么是本质？我们可简单理解为事物"原本的质地"，它决定了事物的特性、价值，是事物最根本的属性，只有认识事物的本质才能对事物形成真正的认识。例如，我们可以将人定义为"直立行走的动物"，但这个结论显然没有触及人的本质。"人是能够思维且制造劳动工具的动物"，这个结论反映了人的某种本质，但不够深刻。人的本质属性是社会性，人与人之间有思想关系、政治关系、生产关系、血缘关系、道德关系、爱情关系，因此，"人是一切社会关系的总和"，这个结论更深刻地反映了人的本质。

抽象思维的一个重要结果是形成概念，很多时候抽象的素材、载体也是概念。毛泽东在《实践论》中写道："社会实践的继续，使人们在实践中引起感觉和印象的东西反复了多次，于是在人们的脑子里生起了一个认识过程中的突变（即飞跃），产生了概念。概念这种东西已经不是事物的现象，不是事物的各个片面，不是它们的外部联系，而是抓着了事物的本质，事物的全体，事物的内部联系了。概念同感觉，不但是数量上的差别，而且有了性质上的差别。"[1] 这段话清楚地说明：概念是抽象的典型形式，概念的产生来源于实践，是在感性认识基础上产生的，是人脑对事物的本质及内部联系的反映，是认识过程中质的飞跃。

---

[1]《毛泽东选集（第一卷）》，人民出版社 1966 年版，第 262 页。

学生学习内容中有大量的抽象概念，绝大部分学科知识都是由文字和符号表征的概念，这意味着，绝大部分知识都具有抽象性，只不过抽象程度存在差异。艺术类课程的内容多为诉诸感官的具象、形象，如一首乐曲、一幅绘画、一个文学形象，但是，这些艺术作品的本质仍是抽象的，而且有些作品甚至极为抽象。例如，齐白石画的虾和徐悲鸿画的马，都不是哪一只具体的虾或哪一匹具体的马，画作上的虾和马是蕴含某一类动物本质特征的以绘画为载体的抽象，同时，画作还叠加了另一层抽象，即画家的情意和中国传统审美志趣。再如，老舍的小说《骆驼祥子》中祥子这个人物栩栩如生，感人至深，但我们知道"祥子"是虚构、抽象的产物，是一类人的代表，"祥子"因此也可以被看作是一个抽象符号。

随着学生学习的深入，知识的抽象程度不断提高，很多知识远远脱离了具象经验，甚至是对抽象知识的再抽象，这意味着，学生的抽象思维在这个过程中得到锻炼，同时，学生也必须不断提高自己的抽象思维能力才能理解学习内容。学生不能理解所学知识，或对知识错误的、表面化的、以偏概全的理解，很多时候都是抽象思维能力不足的表现。有些学生小学或初中成绩很好，到了初中或高中跟不上了，一个重要原因就是学生的抽象思维能力不足，无法对抽象的学习内容形成有效的理解。

总之，对人类而言，抽象的知识是结构化、体系化的，人类知识的大厦是由抽象知识构成的。打个比方，人们对具体事物、现象的认识就像自然状态的泥土，它可以被累积，但因其松散性，不可能被用来构筑成高楼大厦。抽象知识就像由泥土烧成的砖瓦，变得非常坚固，而且可以被塑形并关联起来，最终形成一个庞大而稳固的结构。在这个意义上，中小学生学习的知识，本质上都是人们从具体事物、现象、经验中提取的抽象认识。因此,抽象是人类思维的核心过程,是知识产生与理解的关键,这要求我们对学生的思维素养进行培养和测评时,要深刻认识知识的抽象性,高度关注学生对抽象知识的理解及其抽象思维的发展状况。

(二)抽象的发生与发展

低年级学生学习的数字及简单的加减乘除是抽象知识;他们学习一篇课文时,教师引导他们理解课文"歌颂了祖国的大好河山"则是一种感情方面的抽象;还有,学生在演唱一首歌曲时,教师让他们体会并表现出这首歌的"欢乐""轻快",这同样是对抽象的理解和表达。事实上,所有个体生来就有抽象思维的潜能。

例如,幼童和爸爸妈妈一起生活,爸爸身上有烟味,做饭不好吃,也不会对自己柔声细语地安抚,但爸爸态度温和,包容,有耐心,不责骂自己,能满足自己的各种需求。妈妈在生活方面可以给自己很好的照顾,但比较强势,对自己要求多、要求严,时时刻刻管束自己,而且比较容易发怒。爸爸妈妈有时会起争执,可争执的结果往往是爸爸示弱。基于对这些现象的观察,幼童会形成超越具体情境的若干抽象认识:"爸爸是可亲近的人""爸爸面前可以耍赖""妈妈是说一不二的""妈妈面前最好乖一点""如果想要好吃的应该找妈妈""他俩对自己要求不一样时要听妈妈的"。基于这些抽象认识——当然,这些认识的抽象程度不高——幼童能够形成与父母相处的若干策略和模式,例如,与爸爸或妈妈单独相处时会有不一样的表现,而当爸爸妈妈对自己的要求有分歧时,他也不会指望爸爸能违抗妈妈而站在自己一边。

抽象有两个层面,一是从具体生活经验和生活现象中进行抽象，二是对抽象知识进行再抽象，相对而言，后者的抽象程度更高，对思维能力的挑战更大。就像洋葱可以被一层层地剥开，人类对世界的认识也越来越深刻，由此形成的知识也越来越抽象。例如，幼儿能够对物体移动的"快""慢"形成认识，但理解"匀速""变速""匀加速""变加速"等概念就会非常困难，他们的思维能力还不足以理解抽象程度这么高的知识。

在下面的表格中，我们呈现了不同运动状态的抽象及其对应的概念和符号，读者可体会其抽象程度的渐次升高。

运动状态	关键概念与符号	抽象表达
匀速运动	距离（Ⅰ） 时间（Ⅰ） 速度（Ⅱ）	$v = s/t$
匀加速运动	平均速度（Ⅲ） 瞬时速度（Ⅳ） 加速度（Ⅴ）	平均速度：$v = s/t$ 匀变速直线运动：$v_{(t)} = v_0 + at$ 自由落体运动：$v_{(t)} = gt$ 上抛运动：$v_{(t)} = v_0 - gt$
变加速运动	平均加速度（Ⅵ） 瞬时加速度（Ⅶ） 极限与求导（Ⅷ）	$a = dv/dt$

表格中的Ⅰ～Ⅷ表示估计的知识抽象程度，级别越大抽象程度越高。由此例可见，高级抽象往往建立在低级抽象的基础上，知识的抽象程度越高，就会包含更多、更复杂、更难理解的概念。这意味着，学生的知识基础及认知能力会影响乃至决定其对抽象知识的理解。心理学家皮亚杰的认知发展阶段理论指出，儿童的认知发展要经历四个阶段：动作感知阶段（0~2岁）、前运算阶段（2~6岁）、具体运算阶段（6~12岁）、形式运算阶段（12岁以上）。该

理论说明学生的认知成熟需要一个过程，有阶段、有顺序，我们不可能任意缩短这个过程，让学生超越某个阶段或颠倒各阶段的顺序。[①] 因此，在对学生的思维素养进行培养和测评时，我们既要摸清学生的思维水平，也要澄清知识的抽象程度，在此基础上将二者匹配起来，从而保证和优化思维素养培养、测评的有效性。

抽象除了深度还有精度的问题。爱因斯坦说："全部科学不过是日常思想的精粹而已。"从思维的角度看，"精粹"即为抽象，就像从铁矿石中淬炼出钢铁。抽象的精度是决定其品质的关键因素，自然科学和社会科学自不必说，其中的每一个抽象概念都要求被清楚地界定，艺术类课程同样如此。例如，法国大作家福楼拜曾这样教育弟子莫泊桑："某一现象，只能用一种方式来表达，只能用一个名词来概括，只能用一个形容词表明其特性，只能用一个动词使它生动起来，作家的责任就是以超人的努力寻求这惟一的名词、形容词和动词。"[②]中国古诗词于方寸间表现或极阔达或极精微的情意，生发玄远的意境之美，要求诗人词人必须炼字炼句，诗人词人为此煞费苦心："吟安一个字，捻断数茎须。"（卢延让《苦吟》）"两句三年得，一吟双泪流。"（贾岛《题诗后》）"为人性僻耽佳句，语不惊人死不休。"（杜甫《江上值水如海势聊短述》）

因此，我们在教学时，要有意识地引导学生体会抽象概念的精到、准确，可以让学生比较对同一事物的不同抽象，体会其精准程度的差异。同时，我们还要引导、鼓励学生尝试对事物的本质和特

[①] 参见［瑞士］皮亚杰：《发生认识论原理》，王宪钿等译，商务印书馆1985年版，第21—57页。
[②] ［法］福楼拜：《包法利夫人》，李健吾译，人民文学出版社1989年版，前言第10页。

点进行抽象，进而对抽象的精准程度进行反思和评价。

有关抽象思维还有一个抽象类型和多样性的问题。例如，"小王是一个怎样的人"？对这个问题，小王的上司、同事、伴侣、父母、儿女会给出不同的回答，这实际上是从不同的角度对小王的特点与本质进行抽象。事物、现象有不同的面向，人们可以从不同的视角对其进行抽象，正如朱光潜所说："一棵古松，木材商是商业的心态去看，看到的是古松的实用性；科学家是研究的心态去看，看到的是古松的科学性；而画家用欣赏的心态去看，他用审美的态度，尝到了美的味道。"

学生学习的内容可分为三类：自然科学、社会科学和艺术，这构成了对认知对象进行抽象的三个基本视角。同样或相似的内容会以不同的形式、面貌出现在不同学科的教学中，教师要帮助学生理解，这些内容是基于怎样的视角进行抽象而得到的结果，通过抽象呈现了事物哪方面的特质与本质。总的说来，自然科学领域的抽象强调客观、理性；社会科学领域的抽象有价值观的介入，对事物和现象的社会价值的正负、大小做出判断；艺术领域的抽象则有情感的介入，抽象结果即艺术作品具有怎样的美感是评价艺术抽象的主要标准。哲学与数学这两门学科较为特殊，其中既有基于具象进行抽象的内容，同时也有很多内容是对其他学科的抽象内容的再抽象，这两个学科因此呈现高度形式化的特征，具有超越性，并且对其他学科形成渗透性、指导性影响。

综上所述，抽象是人类思维的核心，是知识生成与表征的关键。通过抽象，人们得以超越个案和表象，认识、表征事物的本质及发展规律，这无疑极大提高了人们认识自然、社会、自我的全面性和深刻性。引导学生理解抽象知识、尝试对认知对象进行抽象是学科教学的主要任务，学生的思维素养也正是在完成此任务的过程中得到提高。

二、理解：思维的关键

在所有学科的课程标准中，"理解"都是被反复强调的核心思维过程。如果只用一个词概括思维的目的和过程，这个词很可能就是"理解"。日常教学中，教师经常会问学生，"懂了吗""会了吗""清楚了吗"，这些本质上都是在问学生有没有理解所学知识。

（一）理解的内涵及价值

开宗明义地说，理解的本质是个体面对认知对象时，能够回答有关它"是什么""为什么""怎么办"的问题，而这涉及澄清认知对象的形态、结构、功能，这一点我们在第二章"思维的目的"部分还会进行更详细的分析。我们来看诺贝尔物理学奖得主费曼接受采访时的一段谈话：

一个小伙伴问我："你看，你知道那是什么鸟吗？"我说我完全不知道。他说："我知道这只鸟的名字，看来你爸爸什么都没教你。"

但事实恰恰相反。我爸爸教过我。他曾指着一只鸟对我说："你知道这是什么鸟吗？这是棕喉鸫。在葡萄牙语里它叫'Bom da Peida'，用意大利语，它叫'Chutto Lapittida'，用中文（粤语）叫做'Chung-long-tah'，日语中叫做'Katano Tekeda'，不一而足。"他说："你可以用你想了解的所有语种去称呼这只鸟的名称，但即使你能叫出它的所有外语名称，你其实对这只鸟还是一无所知，你只是知道了不同地方的人如何称呼这种鸟而已。现在，让我们来好好看看这只鸟,观察它在做什么。"

父亲教导我要去观察事物。

有一天,我在玩儿一种叫货运快车的玩具。小车四周有一圈栏杆儿,小孩儿可以拉着玩。我记得很清楚,里面有一个球。我拉着玩具车,注意到小球滚动时的状况。于是我跑去对爸爸说:"爸爸,你看,当我拉着车往前走,球会滚向车子后面;而当我拉着车前进时,突然把车停住,球就会向前滚。这是怎么回事呢?"他回答说:"这个现象的基本原理是:运动的物体会尽力保持运动状态,而静止的东西也尽量保持不动,除非你用力去推它们。"他说这种趋势叫做惯性。

这是对现象的深入理解,他并没有扔给我一个物理概念。他懂得知道事物的名称与真正理解这个事物之间的区别,并让我很早就知道这个区别。

他接着说:"如果你仔细观察,就会发现球并没有向车后滚,而是你拉着车向前移动,那小球是静止不动的,或者会由于摩擦力的作用向前移动,而不是向后移动。"于是我跑回小车,把球放回去,再次拉动小车,然后从旁边观察。我发现爸爸说的是对的,我拉着车往前移动时,小球并没有往后跑,它是相对于小车往后移动,但是相对于我站的侧面,小球稍稍往前移动了一点,只是因为小车的移动速度超过了小球而已。

这就是爸爸教育我的方式,带着这些例子进行讨论,并没有什么压力,都是一些轻松有趣的讨论。

此例非常生动且深刻地说明,理解的要义和关键表现在于能够对认知对象形成说明和解释,即回答与其有关的"是什么""为什么"及"怎么办"的问题。下面我们来看两个有关教学的案例。第一个案例是高中生物课标中有关"分子与细胞"的内容："通过本模块的学习，学生将在微观层面上，更深入地理解生命的本质"。由此可见，"理解"是此模块学习的关键思维目标：

概念1　细胞是生物体结构与生命活动的基本单位

1.1　细胞由多种多样的分子组成，包括水、无机盐、糖类、脂质、蛋白质和核酸等，其中蛋白质和核酸是两类最重要的生物大分子。

1.1.1　说出细胞主要由C、H、O、N、P、S等元素构成，它们以碳链为骨架形成复杂的生物大分子。

1.1.2　指出水大约占细胞重量的2/3，以自由水和结合水的形式存在，赋予了细胞许多特性，在生命活动中具有重要作用。

1.1.3　举例说出无机盐在细胞内含量虽少，但与生命活动密切相关。

1.1.4　概述糖类有多种类型，它们既是细胞的重要结构成分，又是生命活动的主要能源物质。

1.1.5　举例说出不同种类的脂质对维持细胞结构和功能有重要作用。

1.1.6　阐明蛋白质通常由20种氨基酸分子组成，它的功能取决于氨基酸序列及其形成的空间结构，细胞的功能主要由蛋白质完成。

1.1.7　概述核酸由核苷酸聚合而成，是储存与传递遗传信息的生物大分子。

我们会注意到，在这些学习内容中有关思想及行为的描述，如

"说出""指出""举例""阐明""概述",结合上述有关"理解"的教学目标——"微观层面上,更深入地理解生命的本质",可以认为这些思想及行为既是达成理解的手段,也是理解达成的表现。课程标准进而提示了如何帮助学生实现对教学内容的理解:

为帮助学生达成对概念1的理解,促进学生生物学学科核心素养的提升,应开展下列教学活动:(1)检测生物组织中的还原糖、脂肪和蛋白质;(2)观察叶绿体和细胞质流动;(3)尝试制作真核细胞的结构模型;(4)使用光学显微镜观察各种细胞,可结合电镜照片分析细胞的亚显微结构。

这些教学活动的核心不就是费曼父亲所说的"观察"吗?仔细、深入的观察是理解认知对象最有效且最重要的途径。下面我们再来看一个语文教学的例子——对郁达夫的散文《故都的秋》的理解。

《故都的秋》首句即言:"秋天,无论在什么地方的秋天,总是好的;可是啊,北国的秋,却特别地来得清,来得静,来得悲凉。"郁达夫在此表达了对悲凉的欣赏。他在《序孙译〈出家及其弟子〉》中指出,感伤主义是"文学的酵素","感伤主义是并无妨害于文学的";在《钓台的春昼》中说:"(祠堂)周围的环境更芜杂不整齐一点而已,但这却是好处,这正是足以代表东方民族性的颓废荒凉的美。"看来,理解悲凉何以为美是欣赏《故都的秋》的关键。下面是我对这一关键处的解读[①]:

---

① 赵希斌:《语文素养导向的文本解读》,华东师范大学出版社2024年版,第115-116页。

《故都的秋》第一句中，除了"清""静"，还有"悲凉"。"清""静"是条件，"悲凉"是结果——在"清""静"的氛围中感受北国之秋的"悲凉"。宋玉在《楚辞·九辩》中说："悲哉，秋之为气也！萧瑟兮草木摇落而变衰。"由春至夏，由夏至秋，大自然经历了生发、成长、繁荣后走向衰败，面对此情此景，念及生命之萎去，心生悲凉是非常自然的。值得注意的是，草木摇落的悲凉蕴含着对中国文人来说极具审美价值的"枯淡"意味。《红楼梦》第四十回中有这样一段对话：

宝玉道："这些破荷叶可恨，怎么还不叫人来拔去。"宝钗笑道："今年这几日，何曾饶了这园子闲了一闲，天天逛，那里还有叫人来收拾的工夫呢？"黛玉道："我最不喜欢李义山的诗，只喜他这一句'留得残荷听雨声'。偏你们又不留着残荷了。"宝玉道："果然好句，以后咱们就别叫人拔去了。"

李商隐在《宿骆氏亭寄怀崔雍崔衮》中写道："秋阴不散霜飞晚，留得枯荷听雨声。"秋日之残、秋日之枯，都是悲凉之景，这景被李商隐、林黛玉、郁达夫爱着。郁达夫在《故都的秋》中说："说到了牵牛花，我以为以蓝色或白色者为佳，紫黑色次之，淡红者最下。最好，还要在牵牛花底，教长着几根疏疏落落的尖细且长的秋草，使作陪衬。"这不就是对枯淡之美的追索与品赏吗？

"枯淡"为什么给人以美感？苏轼《评韩柳诗》云："所贵乎枯淡者，谓其外枯而中膏，似淡而实美，渊明、子厚之流是也。"苏轼对事物的内、外进行了区分——"外枯而中膏"，枯的是表层，而内里是充实丰润的。因此，"枯淡"的景象和事物不是贫瘠和粗陋，而是外枯中膏、似淡实美，它们含有大意味、大充实。"大音希声，大象无形"，外表的枯淡与内在的丰腴、充实形成了反差，此反差意味深长，给人以深刻的美感。中国画家作画时所用的"枯笔"，不就是于枯淡中寓大峥嵘、大气象吗？

南宋诗人葛立方说："大抵欲造平淡，当自绚丽中来，落其华芬，然后可造平淡之境。"苏轼在《与侄书》中说："凡文字，少小时须令气象峥嵘，彩色绚烂。渐老渐熟，乃造平淡。其实不是平淡，绚烂之极也。"平淡、枯淡从绚烂中来，萧瑟的秋天从灿烂的春天和繁茂的夏天中来，秋的萧瑟、枯败中蕴藏着它曾经历过的萌发、生长与蓬勃、繁盛，就像老人枯深的皱纹中蕴藏着不凡的岁月。凋落的是树叶，消失的是颜色，但树干还在，果实长成了，年轮刻下了，这些不就是"渐老渐熟""绚烂之极""外枯而中膏"吗？当我们品读郁达夫笔下北国的秋，怎能不想到这秋日枯淡、静寂蕴藏的充实和绚烂呢？

这是我对课文的解读，也是我对课文的理解，从中可以体会，这样的理解对语文学习来说多么重要，与上述对生物知识的理解一样都是学习的关键，而且其本质也是对"是什么""为什么"及"怎么办"的说明和解释。例如，有关"是什么"的问题——"郁达夫所爱的枯淡与悲凉在中国传统审美中的意义是什么？"有关"为什么"的问题——"郁达夫为什么爱秋天之枯淡与悲凉？"有关"怎么办"的问题——"中国文人如何表达枯淡与悲凉之美？"显然，尝试回答这些问题促成了学生对文本的理解，而能够回答这些问题也是学生理解了文本的表现。

综上所述，我们认为"理解"的"理"是"整理、理顺"之意，而"解"是"分解、消化"之意。基于理解，外在、陌生的内容转化为学生可以解释、能够接受的内容，新知识与学生已有认知结构形成实质性关联，个体的认知结构通过理解得以完善、扩展或更新。

总的说来，理解是一个具有中枢地位的复合性的思维过程，它蕴含多种具体思维过程，如比较、分类、关联、验证等，并且广泛地对其他思维过程如记忆、应用、批判性思维、创造性思维等产生重要影响。以理解对记忆的影响为例，记忆有信息登记、整理、存储、提取等几个环节，其中"整理"这一思维过程对记忆的效果有重要影响。有口无心的死记硬背，因缺乏对知识的整理，它们很难与已有认知结构建立实质关联而形成有效记忆。例如，当棋子在棋盘上随机放置的时候，专业棋手记忆棋子位置的能力并不比新手强，而当棋子的摆放符合行棋策略，专业棋手对其进行回忆与再认的效果明显优于新手，因为这样的棋子摆放对专业棋手来说是有意义、可理解的，从而为记忆的优化提供了条件。

知识理解还是应用——解释现象、解决问题——的基础。学生运用习得的知识解释现象、解决问题，需要建立在其对知识形成真正理解的基础上。解释现象、解决问题就像选择工具修理机器，工具箱中有很多工具，选对、用好工具非常关键，而这必然建立在对工具用途正确理解的基础上。在本书第一章的案例1中，用定时器暂时替代出问题的温控继电器，这是典型的解决问题，我不但调动已有的物理学知识，还搜索了对定时器设定有关键影响的冰箱额定功率标定的相关知识，显然，搜索哪些知识、为什么搜索这些知识、如何应用这些知识等需要以对知识形成理解为前提。

创造性思维同样需要建立在对知识真正理解的基础上。老舍在《骆驼祥子》中创造了祥子这个文学形象，要想让这个文学形象真正"立起来"，老舍就必须创造性构建祥子的外貌、言行、情意、经历、社会关系及其所生活的环境、相关历史背景等要素。显然，作家要对这些要素及它们之间的关系形成真正的理解，才能保证写作的合理性，才能创造一个有血有肉的、丰满的、可信的文学形象。在中小学生学习的内容中，有大量的描述、判断、方法、定理、理论、学说，它们在最初出现的时候，都可以说是创造性的发现，而这些发现无一例外都需要对问题、情境、条件的理解，甚至可以说，这些知识既是创造的结果，也是理解的表现。

（二）理解的具体表现

学生实现了对所学知识的理解会有怎样的表现？这是促进和评估学生理解这一思维过程必须澄清的问题。我们认为，可以从学生三个方面的表现判断其是否对知识形成真正的理解，这三个方面是：能"用自己的话"说明或解释，能转化知识的抽象程度，能关联不同领域的知识。

1. 能"用自己的话"说明或解释

本书第二章的分析显示，思维有两个目的，一是解释现象——回答"是什么"和"为什么"，二是解决问题——回答"怎么办"，理解是个体的关键思维过程，它当然应该为实现思维目的服务，即学生如果真正理解了所学知识，就应该能用它来解释现象、解决问题。因此，我们可以在教学中设计高质量的有关"是什么""为什么"和"怎么办"的问题，根据学生对这些问题的说明和解释，评价学生是否实现了对知识的理解以及理解的程度如何。

我们要评价学生对知识理解的程度，不仅要看学生在回答"是什么""为什么"和"怎么办"的问题时，能否对事物进行说明与解释，还要看他能否"用自己的话"进行说明和解释。我们在前面提到，知识理解的一个本质是新知识与学生已有认知结构形成实质关联，新知识成为个体认知结构的有机组成部分，就像蛋白质被水解、吸收后成为个体肌肉的一部分。每个学生有独一无二的知识基础和认知特点，相应的，学生在理解知识时也会形成独一无二的认知结构。这意味着，学生表达真正的理解也一定是独特的，即针对特定问题"能用自己的话"进行说明和解释。

前文我对《故都的秋》的解读，即是典型的用"自己的话"表达对文学作品的理解。上述生物课标中要求学生理解学习内容时能够"说出""指出""举例""概述""阐明"，也是希望学生能"用自己的话"表达对所学内容的理解。如果学生不能用"自己的话"进行说明和解释，往往说明其对所学内容没有形成真正的理解，只能"拷贝""粘贴"特定的知识，这背后往往是记忆而不是理解。

2. 能对知识的抽象程度进行转化

很多儿童都喜欢把一件玩具拆掉再装回去，最初可能拆坏或拆了装不回去，随着拆、装次数增加，儿童会操作得越来越高效、精准。正是通过这样拆、装的过程，儿童观察到玩具的构件、构件的连接及其相互作用，由此形成对玩具构造及其功能真正、深刻的理解。一个玩具有被拆成构件和被组装成一个完整功能体两种状态，这两种状态可以类比学生对知识的理解，即一个知识可以有具体和抽象两种表现形式，能够在这两种形式间转化，是学生对知识形成理解的重要表现。这样的转化包括三种形式：

其一是相同抽象程度间的转化。如英文与中文作品之间的翻译；将文字或一组数据转化为图表。

其二是高抽象程度向低抽象程度的转化。如我们通过举例子、打比方给他人讲解一个抽象的知识点；根据物理原理制作工具、实施工程建设。

其三是低抽象程度向高抽象程度的转化。如将一系列看起来不同的运动现象和工程实施转化为"追及问题"并以函数表达；将看起来不同的化学反应归结为"原电池"。

事实上，从具体事物、现象抽象出其本质和规律，这就是我们认识、理解世界的根本方式，某种意义上，这样的抽象知识才是真正的知识——否则只是"知道"而已——体现了人们对世界真正的理解。同时，人们对认知对象的抽象往往不是一蹴而就的，而是一个精进和深化的过程，这就需要我们不断将抽象知识与具体事物、现象进行关联，以检验抽象的正确性和完备性。此外，人们对世界进行抽象认识的一个重要目的就是把握事物的本质和发展变化规律用以指导具体实践，这同样需要抽象与具象之间的关联和转化。

3. 关联不同领域的知识

学生要学习不同的学科，这意味着他们必须理解多个领域的知识，其本质是把不同领域的知识关联起来。基于这样的关联，知识能够相互表征、解释、类比、验证，而这是学生对相关知识形成理解的一个重要表现。我们来看一个例子——一位物理老师鼓励学生把对物理知识的理解转化为艺术的形式[①]：

我是一名高中物理老师，也是一名舞蹈演员。这两个专业看似是对立的，但对我而言，在我教课的每天，它们都在一起。……在我的课上，这两种方式以惊人的方式自然结合。

这起始于我的第一年教学，那时我让学生用艺术形式向我解释

---

① ［美］玛丽亚·哈迪曼：《脑科学与课堂：以脑为导向的教学模式》，杨志等译，华东师范大学出版社 2018 年版，第 104-105 页。

牛顿的运动三定律。我原本期待会有一些歌曲、图画和大量的海报展示。实际情况是，我确实收到一些海报，而更多的还是各种艺术形式的作业。学生们的创造性让我大吃一惊：从带有主唱与舞蹈的饶舌歌曲，到一个名为"三定律：牛顿先生的人生与物理学"的戏剧。大部分学生想要向同学表达他们如何让物理学变得有趣，最后我录制了一些学生的表演。接下来的几年，我在教学过程中甚至用这些影片剪辑来帮助解释惯性、加速度以及作用力和反作用力——以一首名为"思考科学"的民谣作为开头。

这个项目活动促使我尽可能地从一个全新的角度来教学。在此之前，我曾采用的物理教学方式为传统授课、实验室和家庭作业，而现在我用录制好的舞蹈剪辑和转圈中的花样滑冰者来解释角动量。我请音乐家弹奏便携式乐器来诠释波浪和声音的特性。我用图片来解释光学中的折射或光弯曲。任何时候我教物理学内容，都让学生参与进来观看（物理学的内容）且进行艺术创作。而他们的技能常在多种艺术形式上超越我。

如今，当学生们在校友日回来看我时，他们迫不及待地告诉我他们日常生活中的物理学，以及我们的课堂曾提及的那些主题如何出现在他们的经历里。比如为什么在起跳前或蹦跳着地时膝盖会弯曲——为在起跳前积攒更多的弹力势能或为了延长改变动量所需的时间，从而在落下时减小影响身体的力。

此例显示，物理与绘画、舞蹈、运动、音乐等不同的学科因为相同的知识如"角动量"而被关联起来，此物理知识以不同的形式存在于多个学科中，学生能够发现此关联，说明其对该知识有了真正的理解，即澄清了知识在不同形式下共同的内涵、本质、价值。

一位遥感专家用韩愈的诗句"草色遥看近却无"说明遥感的一个重要现象，另一位物理老师用李商隐诗句"相见时难别亦难"打比方，说明楞次定律的表现。他们没有用遥感知识解释遥感知识或用物理概念类比物理概念，而是将遥感、物理知识与文学关联起来，这一方面显示他们对相关知识有了真正的理解，另一方面也确实优化了说明、解释的效果。

三、逻辑：思维的规则

要想构建结实、美观的建筑，把一块块砖石随便堆在一起是不行的，必须先建立稳固的框架。同样，我们在思维和表达时会运用很多事实或概念，它们就像一块块砖石，必须通过坚实的框架将它们以恰当的方式关联起来，对思维而言，这个框架就是逻辑。

我曾看过一个课例，在高中语文教学中，教师向学生讲解《齐宣王见孟子》的理念——"以德治国"非常重要。一个学生站起来说："老师，我不同意这个观点。例如，秦国最后统一六国，就不是因为德治，而是用了战争和权谋。"老师愣了一会儿，没有直接回答学生的问题，而是接着讲授自己预设的教学内容。事实上，学生表达的逻辑有问题，讲"以德治国"重要，并不是说其他治国安邦之策包括战争就不重要。同时，学生的论据是秦统一六国，这是"立国"，而这篇文章重点讲的是"治国"，二者不可同日而语。此外，秦二世而亡，未能"以德治国"不正是一个可能的重要原因吗？可以想见，教师如果就此逻辑问题引导学生进行讨论，或对学生进行恰当的反馈与指导，将有助于学生更好地理解课文，也是提高学生思维能力的好机会。由此可见，逻辑是思维的基本规则，帮助学生建立良好的思维逻辑对提高其思维素养非常重要。

当前，课堂上很多教师都鼓励学生主动表达，或组织学生讨论乃至辩论，但很多时候学生的表达"乱成一锅粥"，看着颇热闹，实际很低效，造成此现象的一个重要原因就是学生的逻辑思维与表达未能得到足够的重视及专门的训练。

（一）逻辑的含义

简言之，逻辑是思维的规则及思维素材的组织方式。"逻辑"一词源自古希腊语 logos，最初的意思是"词语""言语"，引申出思维、推理之意。严复在其译著《穆勒名学》和《名学浅说》中最早基于英语 logic 音译了"逻辑"一词，但他最终选择以意译的"名学"来取代音译的"逻辑"，因为在中国古代，与逻辑学相近的是理学、理则学、名学、刑名之学等。

我们来看一则中国古代有名的有关逻辑的公案。公孙龙，六国时的辩士，曾提出"白马非马论"："马者，所以命形也；白者，所以命色也。命色者非命形也。故曰：白马非马。"他认为，"马"是用来命名某种形态的动物，"白"是命名某种颜色，所以"白马"是一种颜色加一种动物，而"马"只是一种动物，因此白马不是马。我们都知道公孙龙是在诡辩，本质上就是因为其论证逻辑是错误的。日常生活中，有些人说话给人感觉是在"胡搅蛮缠"，根本原因也是其表达逻辑是错误的、诡异的。

逻辑往往是在论证的过程中表现出来的，学生学习的很多知识其本质就是论证，为此我们首先要理解何为论证。[①] 论证是为了证明或明确某个事情，其本质是说明认识对象"是什么"。论证由

---

① 参见［美］Patrick J. Hurley：《逻辑学基础》，郑伟平等译，中国轻工业出版社 2017 年版。

若干陈述构成,其中至少有一个是前提,一个是结论,二者存在逻辑关联,结论必须从前提推论而来。如果基于前提能够确凿无疑地推出结论,该论证的逻辑就是清晰的、合理的;如果前提与结论无关,即基于前提不能推出结论,该论证的逻辑就是错乱的、不合理的;如果基于前提推出的结论存在不确定性,这样的论证其逻辑是待完善的。我们来看下面两句话:

- 自从爱迪生发明留声机以来,已经有很多的技术革新。
- 由于爱迪生发明了留声机,他理应因这项重要的技术革新而值得称道。

第一句话中"已经有很多的技术革新"并不是从"爱迪生发明留声机"得出的结果,第二句话中爱迪生"应该被称道"是从他"发明留声机"得到的结论,因此,第二句话是一个有逻辑的论证。如果我们把第一句改成:"自从爱迪生因发明留声机而获得巨大的声誉及商业利益,已经出现越来越多的技术革新。"它就是一个有逻辑的论证了,因为前半句是前提,后半句是结论,二者存在逻辑关联,结论可以从前提推论而来。

论证主要有两种:演绎论证和归纳论证。简言之,演绎论证是那些依赖必然性推理的论证,而归纳论证则是依赖可能性推理的论证。演绎论证的前提如果为真,结论"不可能为假",如"獴科动物都是食肉动物,狐獴属于獴科,狐獴是食肉动物"。归纳论证的前提如果为真,结论"不太可能为假"。如"狐獴与细尾獴是近亲,细尾獴以甲虫的幼虫为食,狐獴有可能也以甲虫的幼虫为食"。

一般而言,论证及其中的演绎、归纳逻辑是属于理性范畴的,指向自然科学和社会科学中以抽象概念为核心的知识;文学、美术、音乐以基于形象的情感表达为核心,而情感表达也需要逻辑,由此构建的艺术形象才"立得住",才能让人感动,产生情感共鸣。下面我们分别对演绎逻辑、归纳逻辑、情感逻辑进行分析,在此基础上探讨学生的表达、论证中可能出现的逻辑谬误。

(二)演绎逻辑

"演"字始见于商代甲骨文,本义是水长流,引申指扩展、蔓延;"绎"最早见于战国文字,其本义为抽丝,引申为寻求、分析,还有"连续不断"之义。基于思维的视角,演绎逻辑强调有源点的、连续的分析和推理,就像自源头出发有多条河流,每条河流的流径都是连续可溯的,也都是可解释乃至可预测的。下面我们来看两种典型的演绎逻辑。

1. 数学思维中的演绎逻辑

马克思曾强调:一门学问只有当它达到了能够成功地运用数学时,才算是真正的科学。数学论证是逻辑性极严密、真确性极高的演绎论证。除极少数公理外,所有的数学定义和结论都是演绎的结果。在这个意义上,数学是一门演绎科学,全面而系统地运用着演绎推理,任何数学运算、推导都是运用特定符号实施的演绎论证。要想得到正确的推导结果,必须严格遵循特定的规则,这些规则就是演绎逻辑的体现。数学论证也许会从归纳式的经验概括中获得帮助和灵感,但其内核与基本形态仍然指向纯粹的演绎逻辑,在这个意义上,它对归纳是排斥的。[1]数学论证中的所有前提、结论及条件都是明确的,不允许存在任何歧义和模糊空间,都必须有唯一的定义,都必须得到唯一的共识和理解。基于这样的演绎逻辑,数学

---

[1] 袁绪兴:《关系·演绎·系统:关于科学哲学问题的思考》,兰州大学出版社2021年版,第234页。

论证的结论具有最高程度的必然性。

我们在本书第二章辟专节对数学思维的内涵、本质、特点进行分析，与其他思维相比，数学思维具有"抽象之抽象"及"极严密的逻辑"两个核心特征，基于这样的特征，数学思维具有超越性，并且高度渗透于其他学科的思维之中。基于此，我们要高度重视学生数学思维尤其是演绎逻辑的培养与优化。

2. 三段论中的演绎逻辑

三段论的典型形式是——所有 M 是 P（大前提）；所有 S 是 M（小前提）；所有 S 是 P（结论）。它有三种形式：直言三段论、假言三段论和选言三段论。

直言三段论指的是论证中的三个陈述依次分别是大前提、小前提和结论。例如：所有好成绩都是努力拼搏的结果。小王获得了好成绩。他一定付出了艰苦的努力。

假言三段论的基本形式是"如果……那么（则、就、将或省略）"。例如，"如果政府治理污染，就会有很多工厂将被关闭。如果工厂被关闭，很多工人将失业。所以，政府治理污染会造成很多工人失业"。此例的三个陈述中有两个假言。我们再来看这个论证，"如果小明能遇到一个慈爱的老师，就会有助于他重建自信。王老师确实是一个有爱心的老师。小明的自信心因此明显提高了"。此例的三个陈述中只有一个假言。

假言三段论有两种形式：一是肯定假言，得到肯定的结论，上述两个论证即如此。二是否定假言，得到否定的结论。例如，"如果感染了病毒，那么核酸检测结果就为阳性。小强核酸检测结果为阴性。所以，小强没有感染病毒。"

选言三段论提出事物的若干种情况、性质，论证其至少有一种情况、性质存在或不存在。可能存在的若干情况、性质即为选言，根据选言之间是否具有并存关系，选言三段论可分为相容和不相容两种。"大华或者是企业家，或者是科学家。大华不是科学家。所以，大华是企业家。"这是相容式的选言三段论。"销售冠军要么是阿强，要么是大华。阿强是销量冠军。所以，大华不是销量冠军。"或"销售冠军要么是阿强，要么是大华。阿强不是销量冠军。所以，大华是销量冠军。"这两个论证是不相容式的选言三段论。

需要指出的是，三段论中的前提和结论均存在真、假两种情况，同时，我们运用三段论进行论证时，也有可能出现形式上的错误，结合前提与结论的真、假，就会出现下表总结的7种三段论论证。[①] 其中只有一种是真确的，其他六种是错误的，而这些错误都有可能出现在学生的思维和表达中，对此教师应给予关注。

	形式正确	形式错误
真前提真结论	所有花都是植物。所有雏菊都是花。所以，所有雏菊都是植物。（真确）	所有花都是植物。所有雏菊是植物。所以，所有雏菊都是花。（错误）
真前提假结论	不存在。	所有玫瑰都是花。所有雏菊都是花。所以，所有雏菊都是玫瑰。（错误）
假前提真结论	所有花都是狗。所有贵宾犬都是花。所以，所有贵宾犬都是狗。（错误）	所有狗都是花。所有贵宾犬都是花。所以，所有贵宾犬都是狗。（错误）
假前提假结论	所有花都是狗。所有老虎都是花。所以，所有老虎都是狗。（错误）	所有玫瑰都是猫。所有雏菊都是猫。所以，所有雏菊都是玫瑰。（错误）

---

① [美] Patrick J. Hurley：《逻辑学基础》，郑伟平等译，中国轻工业出版社2017年版，第50页。

有时为了表达的经济、简练，人们常常将三段论中的大前提或小前提省略。一般说来，当大前提所表示的一般原理是人们熟知的常识，它往往会被省去，当小前提所表示的情况非常明显时也常被省去。例如，"高级滑道危险系数高，必须使用一级护具。你要使用的是高级滑道，必须使用一级护具"，这是一个完整的演绎论证。"你使用的是高级滑道，必须使用一级护具"省略了大前提，"高级滑道危险系数高，你必须使用一级护具"则省略了小前提。要注意的是，教学时我们要确认学生能意识到或理解被省略的内容，有时还应有意识地帮助学生澄清演绎论证中省略的内容，避免陷入盲目的解释或争执。

（三）归纳逻辑

"归"为"趋向或集中于一个地方"之义，而"纳"为"收入，放进"之义。归纳论证的本质在于：聚焦认知对象中的关键要素或环节，并据此形成对其特点或属性的论证。类似"天上钩钩云，地上雨淋淋"这类生活中极为常见的歇后语，就是典型的基于生活经验的归纳论证。中国古典哲学与文学作品如《庄子》《孟子》《道德经》等，都非常善用譬喻和类比说明道理，这也是归纳论证的典型。归纳论证依赖同一性原理，即在条件相似的情况下，未来大概率会发生过去曾发生的事。归纳推理不具有必然性，只具有或然性，即当它的前提为真时，它的结论很可能真，但不必然为真。

1. 归纳论证的形式

归纳论证的主要形式包括：预测、类比、概括、来自权威背书、基于指示或提示、因果推理。

（1）概括。将现象的关键元素提取出来，或将事件的脉络梳理出来。例如,"祥林嫂的一生是悲惨的,她的死是对旧社会政权、族权、夫权、神权最强烈的控诉"。

（2）预测。根据已有知识和经验,对未来某事物是否会出现及其可能的频率、程度、模式、特点等进行判断。对预测而言,重要的不是提出结论,而是阐明得到结论的依据——事物、现象的相关或因果关系。如果 A 和 B 经常或总是同时出现,二者则往往存在相关或因果关系,这是预测的出发点,即当 A 出现时,我们会预测 B 也将出现。例如,"奶奶的腿又感觉酸痛,看来要变天了"。

（3）类比。因为 A 现象与 B 现象在表象或本质上相似或相同,则可以根据 A 的属性论证 B 具有相似或相同的属性。例如,苏洵在《六国论》中的论述："夫六国与秦皆诸侯,其势弱于秦,而犹有可以不赂而胜之之势。苟以天下之大,下而从六国破亡之故事,是又在六国下矣。"这即是一个基于类比的归纳论证——当年的六国与现在的北宋都是国家,当年六国因为贿赂秦而灭亡,如今北宋如果和六国一样贿赂西夏、契丹,最终的结果也是灭亡。

（4）基于权威的背书。权威的经验、理论往往具有较高的可信度,可作为提出论证的前提,或用于加强论证的可靠性。例如,"毛泽东指出,'打得一拳开,免得百拳来',面对敌人的威胁与挑衅绝不能退缩而要给予其迎头痛击"。

（5）基于指示或提示。为了规避风险或提高行动效能,我们生活的世界中充斥着各种各样的指示或提示,它们往往源自人们的实践经验或某个领域的规则、规范,可以成为归纳论证的重要组成部分。例如,"充电电池说明书提示其电阻比普通 5 号电池小,其电压（1.2V）即使比普通电池电压（1.5V）小也能正常工作"。

（6）因果推论。因果推论是归纳论证的一种很常见的形式。例如,"因为指向应试的模式化训练及优秀文学作品阅读量不足,语文教育硕士的写作能力普遍存在多方面的缺陷"。

2. 影响归纳论证可靠性的因素

如前所述,与演绎论证相比,归纳论证具有或然性,也就是说,归纳论证往往不是完全可靠的。归纳论证的效力、可靠性取决于三个因素:前例的丰富性、前例的一致性、情境的相似性。

(1)前例的丰富性。归纳基于已发生的现象即前例进行论证,前例事实上成为论证的前提,其丰富性在相当大的程度上决定了归纳论证的效力。太阳每天都从东边升起,这是前例,此例的丰富性极高,基于此形成的论证——"太阳明天会从东边升起"——自然极可靠。某人说:"我爷爷抽烟抽了一辈子,活到90多,所以'吸烟有害健康'的说法听听就好了。"这是一个归纳论证,其实质是:某人深度抽烟且长寿,所以"吸烟有害健康"不成立。此论证不可靠,原因有二:一是偷换概念,长寿不等于健康,抽了一辈子烟的爷爷虽然活到90多,但其心血管及呼吸系统有没有因吸烟而被损害?二是,"我爷爷抽了一辈子烟且长寿"只是个例,由此得到"抽烟无碍健康"的结论并没有丰富的前例支持;而"吸烟有害健康"是针对大样本研究得到的结果,其实质是"大量医学案例显示,吸烟会增加罹患多种疾病的概率",这其中包含丰富的前例,有力地支持了"吸烟有害健康"这一论证。事实上,如果反驳"吸烟无碍健康"之论,只需要提醒论者:"如果你爷爷不抽烟,很有可能活得更长、更健康。"

(2)前例的一致性。自人类有记录以来,太阳每天都是从东边升起的,作为前例不仅显示出极大的丰富性,还显示出极高的一致性,没有一个不一致或相反的案例。我们来看一个常见的归纳论证:"根据小王这两年的表现,总的说来,小王是一个很有责任心的同志。"此论证中的前例"小王这两年的表现"即标定了前例的范围,与"太阳每天从东边升起"不同,其中可能存在不一致性的情况,如90%的前例表现出小王的责任心,在10%的案例中没有表现出责任心,因此,用"总的说来"——类似的还有"一般而言"——表达论证结论。

(3)情境的相似性。任何现象的发生及发展变化都处于特定的情境,当我们根据前例作出的论证指向新情境时,就要考虑情境的相似性。一般而言,论证指向的情境与前例的情境相似度越高,则该论证越可靠。例如,小明从 A 校转到 B 校,如果两所学校在很多方面非常相似,小明依据在 A 校的经验对 B 校很多现象所作判断、论证的有效性和可信度就会较高;反之,如果两所学校各方面有明显差异,小明依据已有经验所作的归纳论证的效力就会被削弱。

综上所述,基于演绎逻辑的论证追求严密和真确性,基于归纳逻辑的论证其可靠性建立在已有事实的基础上。教学时我们应当对学生的逻辑理解和表达进行有针对性的指导。例如,学生通过演绎论证却得到模糊的、不真确的结论,我们就要帮助学生分析是前提还是结论出了问题,抑或是论证过程出了问题;学生通过归纳论证得到一个十分肯定的结论,我们就要提醒学生关注归纳论证中的不确定性,考虑已有知识和经验及相关因素能否对该结论形成有效的支撑。

(四)情感逻辑

上面分析的论证与逻辑主要指向科学、理性范畴,学生学习的内容指向三个方面：自然科学、社会科学、艺术，前两个属于科学范畴，其知识内核与载体是抽象概念以及由概念组织起来的原理、定理、公式、判断等，概念的获得、形成及概念之间的关联需要严格遵循理性逻辑。艺术的内容也是有逻辑的，其学习同样需要理解和遵循逻辑，但是艺术中的逻辑不同于自然科学和社会科学中的理性逻辑，它更多的是一种情感逻辑。

我们来看一个例子，元稹在《江花落》中写："日暮嘉陵江水东，梨花万片逐江风。"无论是"梨花追逐江风"还是"梨花被江风追逐"，基于理性逻辑，这两种表达都是"不合理"的——江风吹动了梨花，它不可能追逐梨花，梨花的飞舞是被动的，不可能主动追逐江风。但是，这句诗写得好吗？美吗？不会有任何的迟疑，我们会给出肯定的回答，稍有审美素养的人都会被这句诗深深地打动，梨花被江风挑动，转身又上下翻飞追逐江风，多么活泼、多么浪漫、多么深情！这就是文学艺术中的情感逻辑，它驱动了优美动人的字、词、句，拨动了人们的心弦，使其产生强烈的情感共鸣和审美感受。

再来看曹禺在其所写的《〈雷雨〉序》中如何评价蘩漪这个人物。

我想她应该能动我的怜悯和尊敬，我会流着泪水哀悼这可怜的女人的。我会原谅她，虽然她做了所谓"罪大恶极"的事情，——抛弃了神圣的母亲的天责。我算不清我亲眼看见多少蘩漪（当然她们不是蘩漪，她们多半没有她的勇敢）。她们都在阴沟里讨着生活，却心偏天样的高。热情原是一片浇不熄的火，而上帝偏偏罚她们枯干地生长在砂上。这类的女人，许多有着美丽的心灵。然为着不正常的发展,和环境的窒息,她们变为乖戾,成为人所不能了解的。受着人的嫉恶,社会的压制,这样抑郁终身,呼吸不着一口自由的空气的女人,在我们这个社会里,不知有多少吧。在遭遇这样的不幸的女人里,蘩漪自然是值得赞美的。她有火炽的热情,一颗强悍的心,她敢冲破一切的桎梏,做一次困兽的斗。虽然依旧落在火坑里,情热烧疯了她的心,然而不是更值得人的怜悯与尊敬么?这总比阉鸡似的男子们,为着凡庸的生活,怯弱地度着一天一天的日子更值得人佩服吧。

有一个朋友告诉我:他迷上了蘩漪,他说她的可爱不在她的"可爱"处,而在她的"不可爱"处。诚然,如若以寻常的尺来衡量她,她实在没有几分动人的地方。不过聚许多所谓"可爱的"女人在一起,便可以鉴别出她是最富于魅惑性的。这种魅惑不易为人解悟,正如爱嚼姜片的,才道得出辛辣的好处。所以必须有一种明白蘩漪的人,才能把握着她的魅惑。不然,就只会觉得她阴鸷可怖。平心讲,这类女人总有她的"魔",是个"魔"便有它的尖锐性。也许蘩漪吸住人的地方,是她的尖锐。她是一柄犀利的刀。她愈爱的,她愈要划着深深的创痕。她满蓄着受着抑压的"力",这阴鸷性的"力",怕是造成这个朋友着迷的缘故。

以理性的视角,蘩漪"做了所谓'罪大恶极'的事情",但曹禺却"怜悯"蘩漪,这会让很多人不解,更让人瞠目的是,曹禺还对蘩漪表达尊敬,认为蘩漪值得赞美!我想这一观点对所有人来说是振聋发聩的。这些即表现了曹禺的情感逻辑。不可否认,很多读者对蘩漪这个人物有自己的看法,而且他们不能认同、接受曹禺的看法(逻辑)。对艺术欣赏而言这是正常的,因为情感逻辑不同于理性逻辑，理性逻辑是客观的，具有跨时空、跨文化的一致性，而情感逻辑具有主观性，并且存在个体差异和文化差异，因此，很多时候情感逻辑没有对错、好坏之分，而要看在特定的情境中是否能够自洽。上述曹禺对繁漪这个人物的评述即尝试达成情感逻辑的自洽，他也希望藉此能让读者理解其人物创作中蕴含的情感逻辑。

　　需要指出的是，理性逻辑与情感逻辑不同，但二者并不矛盾，也不是不相容的，相反，很多时候我们可以对情感逻辑进行理性分析。《普通高中教科书·语文·必修5》中有一篇文章《说"木叶"》，对"袅袅兮秋风，洞庭波兮木叶下"中的"木叶"进行了讨论。按照字面的解释，木就是树，木叶也就是树叶。可是诗歌中为什么要用"木叶"而不用"树叶"呢？该文论证其中的原因。

　　"木"不但让我们容易想起了树干，而且还会带来"木"所暗示的颜色性。……它可能是透着黄色，而且在触觉上它可能是干燥的而不是湿润的；我们所习见的门栓、棍子、桅杆等，就都是这个样子；……于是"木叶"就自然而然有了落叶的微黄与干燥之感，它带来了整个疏朗的清秋的气息。"袅袅兮秋风，洞庭波兮木叶下。"这落下绝不是碧绿柔软的叶子，而是窸窣飘零透些微黄的叶子，我们仿佛听见了离人的叹息，想起了游子的漂泊；这就是"木叶"的形象所以如此生动的缘故。

　　树叶、木叶仅一字之差，但"木叶"是人们在特定情境下对树叶颜色、形状的认识，其主观感受投射于此自然之物，"木叶"之表达因此体现了人们的情感逻辑。这说明，我们可以也应当通过理性分析对情感逻辑进行梳理和评价，理性逻辑与情感逻辑之间存在自然的关联与交互。我们有时看小说或影视作品，会觉得其胡编乱造、看不下去，一个重要的原因就是人物、情节所蕴含的情感逻辑是混乱、难以理解的，有时我们会评价其"不可理喻"，"理喻"即是从理性的角度对文艺作品所作的评价。

艾芜在《谈短篇小说》中说："我们听见了，或者看见了偶然发生的事件，只要注意加以分析研究，就一定能够找出它的必然性，……认真研究下去，就可以找出社会生活的某些客观规律，即生活的逻辑。"这段话提醒我们，艺术作品以情感表达为核心，但情感的发生发展有必然性，应当体现和依循客观规律，反映事物与现象的本质。

杨沫在《林道静的道路》中写道："知识分子的个人奋斗，其结果不是走余永泽、白莉萍的道路，就是走林道静投海自杀或者苦闷彷徨、抱恨终身的道路。这是历史的逻辑，也是生活的逻辑。"杨沫不也同样在强调文艺作品中人物塑造的"必然性"吗？因此，文艺作品中的情感表达不是随意和盲目的，情感不仅是有逻辑的，而且应当符合并体现历史的逻辑与生活的逻辑。

（五）非形式逻辑谬误

如果一个论证在逻辑上出问题，就会出现谬误，谬误通常分为两类：形式的和非形式的。我们来看这个论证："物体不受外力就不会改变运动方向。这个物体受到了外力。所以，它会改变运动方向。"这是一个错误的论证，因为三段论是由"大前提 + 小前提→结论"构成的，此论证大前提说的是"物体不受外力"，而小前提改为"物体受到了外力"，二者是不一致的，这个论证出现了形式上的谬误。形式谬误通过审视论证的形式就可以识别出来，而非形式谬误需要审视论证内容才能发现。

下面介绍了18种非形式谬误，它们被分成五组：不相干谬误、弱归纳谬误、预设谬误、歧义谬误、不当转换谬误。①

1. 不相干谬误

遵循一定的规则，基于特定的前提得到特定的结论，这样的论证即是符合逻辑的。反之，如果结论与前提不匹配，即基于前提并不能得到结论，就会出现不相干谬误。不相干谬误包括以下五种形式。

（1）情绪化谬误。意气用事、一厢情愿、主观臆断、任性负气等介入到论证中，这是产生不相干谬误的根本原因。情绪化谬误有以下几种表现：一是诉诸怜悯。例如，"你不能判我有罪，我偷东西是为了抚养我的三个孩子，他们多可怜啊"。二是诉诸公众。例如，"人们都在反对这项改善交通的政策，取消这项政策才能防止出乱子"。三是诉诸恐惧。例如，"已经有学生因为考试挂科出现自残行为，期末考试不能让学生不及格"。四是从众。例如，"你的同学都结婚生孩子了，对你来说结婚成家是正确的选择"。五是诉诸传统。例如，"春节燃放鞭炮是传统习俗，在城市里禁放鞭炮是没有道理的"。六是人身攻击。例如，"这种乡下人，不必在意他说了什么"。

（2）偷换概念。偷换概念指思辨过程中用一个概念去替换另一个概念，是一种常见的诡辩手法，"偷梁换柱""以假乱真""浑水摸鱼""顾左右而言他"都是偷换概念的表现。偷换概念主要有以下几种形式：一是任意改变一个概念的内涵和外延。例如，"看看这些天天打游戏、追星的中学生，现在的青少年真是不求上进

---

① 王克喜：《非形式逻辑与批判性思维》，线装书局2007年版，第150-175页。

啊！"打游戏、追星的中学生是青少年，但他们只是青少年中的一部分，二者的内涵和外延不同，如此论证有以偏概全之嫌。二是把多义词指涉的不同概念混淆起来。例如，"象是动物，小象是小动物，和猫一样都是小动物"。"小象"的"小"指的是年龄小，"小动物"的"小"指的是体型小，此论证忽视了这两个概念本质的不同。三是抓住概念之间的相似之处，抹杀不同概念的本质区别。例如，"很多教材宣扬写作时应追求语言形式的美，我认为语言就应该朴实，不应追求那些形式主义的东西"。"语言形式的美"与"形式主义"不同，前者强调形式美，后者则是为了形式而形式的写作。四是混淆集合概念与非集合概念。例如，"中国人是伟大的，我是中国人，所以我是个伟大的人"。"中国人"对应一个集体，是集合概念，"我"对应个体，是非集合概念，"我"是"中国人"，但"中国人"不是"我"。

（3）虚假因果关系。论证时构建虚假的、实际上不存在的因果关系而形成不相干谬误。例如，某个患者说："这次重感冒我吃了 5 天 A 药都没好，后面吃了 2 天 B 药就好了，看来还是 B 药管用。"患者将 B 药与病愈看作因果关系，在没有确实的证据、严格的条件控制下，这样的因果关系往往是虚假的、不可靠的。因为在所谓的因、果之间还存在一个"黑箱"，其中包含着诸多因素——如个体的体质、疾病性质及严重程度、生活环境等——都会对患者的病程产生影响，如患者罹患的是普通感冒，在有一定抵抗力的情况下多喝水、多休息、加强营养，即使不服药一段时间也会自愈。

（4）稻草人谬误。论证时虚构、歪曲对方立场或论点，使其更容易被否定或被批判，由此产生的谬误称为稻草人谬误。例如，"小王说男女有别,这是对女性的歧视,会损害女性的权益"。小王说男女有别只是陈述一个事实,却被扣上"歧视女性"的帽子,这是被强行安置的批判目标——像作为靶子的稻草人。

(5)结论偏差。基于某前提得出错误、偏颇或不可能的结论,由此产生结论偏差的谬误。例如,"很多新能源车企骗补,这个补贴政策必须停止"。发现有车企骗补肯定要重视并想办法改进、完善,但得出"停止补贴"的结论有失偏颇。这就像一个人的腿受了伤,首先要考虑的是治疗,而不是把这条腿截掉——这显然是一个草率的、有偏差的结论。

2. 弱归纳谬误

归纳论证中出现谬误,就会削弱归纳论证的有效性、真确性,我们将此谬误称为弱归纳谬误。弱归纳谬误主要有以下五种类型。

(1)源于无知。某网络商城一款冰箱下面有这样一则评论:"这个冰箱运行时两侧很烫,肯定是出毛病了。"一般情况下家用电器发热越小越好,严重发热应引起警惕,但冰箱运行时两侧发热是因为热交换而引起的正常现象,某种意义上两侧越烫说明热交换效率越高。因此,这则有关冰箱的错误评论源于缺乏相关知识和经验。

(2)源于轻率。如前所述,基于归纳论证得到的结论都具有或然性,要警惕因轻率而得出绝对的、极端化的结论。例如,"由于急功近利的评价机制和职称制度,现在大学里已经没有安心做学问的老师了"。此说即为轻率之论,论者做过调查吗?有详实的证据支撑此结论吗?

(3)虚弱归因。当人们面对诸多事物和现象,会本能地想要通过归纳论证明确其中的因果关系。我们要警惕两种会削弱因果判断效力的情况。第一,不恰当的归因。例如,有人说:"学校的成绩这两年在下降,显然,教师的责任心出了问题。"造成学生成绩下降的原因有很多,教师的责任心可能并不是真正的原因,或者只是众多原因之一。第二,将相关关系误认为因果关系。例如,每天破晓时公鸡都会打鸣,此时太阳将冉冉升起,即所谓的"雄鸡一唱天下白"。公鸡叫与太阳升是相关关系,我们当然不会认为二者是因果关系——公鸡把太阳叫了出来。再如,一项教育测评中的调查数据显示,某地骑马上学的学生要比走路上学的学生成绩更好。我们当然不能草率地认为二者是因果关系——给成绩差的学生发一匹马,他们会因此而提高成绩,这显然是不可能的。事实上,"家庭资源"才是使骑马与成绩这两个变量"相关""共变"的原因。能给学生买一匹马作为交通工具的家庭资源更丰厚,能提供更优质的学习条件,父母受教育程度更高,能为学生提供恰当的指导,这才是学生成绩更好的原因。

(4)递归谬误。前后相连的一系列论证中有些环节的论证效力弱或出现谬误,会使整个论证链条断裂,最终得到无效的结论。例如,"你不好好学习就考不上好大学(论证1),考不上好大学就找不到好工作(论证2),没有好工作你的生活就会很贫困(论证3),贫困的生活会让你铤而走险做出违法犯罪的事情(论证4)"。我们可以看到,论证1是合理的,符合实际情况;论证2有些模糊,如何定义"好工作"?从事所谓好工作的人一定都是大学毕业?论证3开始显得离谱,收入不错的人都有大学文凭吗?论证4已经是彻头彻尾的谬论了。

(5)不当类比。通过类比得到结论是一种重要的论证方式。例如,中医将人体脏腑类比于金、木、水、火、土,根据这些自然物质的特点论证脏腑功能及其关系。类比不当就会出现逻辑谬误，例如，有神论者宣称："如果你在路上看到一块石头，可以认为是自然生成的，但如果看到一块手表，则必须认为背后有一个钟表匠制造了这块手表。同理，这个世界如此复杂，生物体的构造比手表更精密，必然是上帝创造了它们。"这是一个典型的不当类比，将人造物与人进行类比，会因为本质上的不同而导致结论的偏差。

3. 预设谬误

论证中的结论源自前提，很多前提具有预设的性质，预设不当会引发错误的结论，从而造成论证的谬误。

（1）乞题谬误。论证时将前提包装成证据或独断、臆测的预设，这会导致乞题谬误。乞题谬误的表现包括：一，循环论证。例如，"允许每个人都有不加限制的言论自由，必定是对国家有利的，因为它非常有利于每个人都毫无限制地享有表达其思想和情感的自由"。二，主观臆断。例如，这家企业是明星企业，所以他们的产品是不会有质量问题的。三，强行论证。例如，小王说："你们东北人，都爱吃地三鲜这种很油的菜品。"小李说："不是啊，我是东北人，但我吃东西很清淡。"小王说："那你一定不是真正的东北人。"

（2）不当简化。预设被不当简化而变得模糊、经不起推敲，由此形成谬误的结论。例如，"读师范专业出来当老师对女孩子来说是最好的选择，没有什么可犹豫的"。只因为学生的性别是女性，就简化地、一刀切地预设其最适合当老师，完全没有考虑学生的兴趣、特长、工作内容、工作强度、收入等因素，由此形成的论证其效力必然存疑。

（3）假两难推理。论证中提出两个或多个可供选择的预设，但实际上更多的选择被掩盖,论证者强迫他人接受一个由假两难推理形成的结论。例如,"小王大学毕业后只有两个选择,要么'考公',要么考研"。除非证明除这两种选择以外小王不可能有其他选择,否则此论证存在因涉及假两难推理而形成的谬误。

(4)遮盖论据。论证者在预设中有意或无意掩盖可能导致完全不同的结论的证据。例如,小王抱怨其男友:"你最近做的这些让我伤心的事情,说明你不爱我了。"小王很可能只选择了负面的证据,有意或无意忽视了男友积极的、表现爱意的举动,此论证的前提即预设是不完整的,其论证效力自然也被削弱了。

4.歧义与含糊谬误

论证中使用的概念、语词或语句出现语义上的歧义或含糊,由此形成的谬误称为歧义与含糊谬误。

(1)歧义谬误。同一个语词可以有不同的含义,同一个想法也可以由不同的语词来表达,同时,在不同的语境中可能对同一个语词会产生不同的理解,这些"词不及意"都有可能导致论证时出现歧义谬误。需要指出的是,因为歧义是语言文字表达中必然会出现的现象,大多数情况下人们会主动通过解释、说明避免产生歧义,只有歧义被放任甚至被故意利用时才构成歧义谬误。例如,孔乙己说:"窃书不能算偷……窃书!……读书人的事,能算偷么?"孔乙己试图强调乃至制造"窃"的歧义,使其不同于"偷",从而形成了歧义谬误。

(2)含糊谬误。算命先生会对算命的人说"心诚则灵",这是一个含糊的说法,何谓"心诚"?"心诚"这样的概念很难定义也很难确证,很多时候"只可意会不可言传",这样的含糊表达很容易造成含糊谬误。

5. 不当转换谬误

人们做出论证时会在部分与总体之间进行转换，包括合成与分解两种形式，如果转换不当就有可能出现谬误。

（1）合成谬误。将事物各部分属性"合成"而形成对其总体属性的论证时，就有可能出现合成谬误。例如，"篮球队中的每一位球员都是优秀运动员。所以，这是一支优秀的篮球队""水分子是肉眼看不见的，所以由水分子构成的水也是看不见的"。

（2）分解谬误。与合成谬误相反，当我们将事物总体进行"分解"而形成对其部分属性的判断与论证时，就有可能出现分解谬误。例如，"盐是无毒的化合物，所以，盐的组成成分钠和氯也是无毒的""这是一个积极奋进的集体，所以集体中的每一个成员都是积极奋进的"。

综上所述，逻辑是思维的规则，学生在学习和表达时能理解、应用逻辑是思维素养的重要表现。学生的学习内容中还有诸多不涉及逻辑的非论证性表达，对这些表达，教师没有必要与学生辨析与讨论。这些表达包括：

- 警告。例如："你小心点，不要滑倒了。"
- 质疑。例如："你这种解题方法是不是有问题？"
- 提议。例如："今晚我们参加篝火晚会吧。"
- 建议。例如："你可以试试用插值法解这道题。"
- 声明。例如："这门选修课只向汉语言文学专业的同学开放。"
- 命令。例如："上课时间你不能从这个走廊穿过去。"
- 感叹。例如："元稹的诗写得真好啊！"
- 宣告。例如："王城中学在这次全国高中生数学建模比赛中获得了好成绩。"

- 说明。例如:"一般情况下,气体既不保持形状也不保持体积,它能够弥漫到填满盛装它的任何容器。"
- 表态。例如:"我相信自己有能力很好地完成这项任务。"
- 解释。例如:"漂白水不能和氨水混合在一起,因为二者混合会产生有毒的氯气。"
- 条件化。例如:"如果明天下雪,运动会可能就要推迟了。"

教师要能够识别与逻辑无关的非论证性表达,并且引导学生进行逻辑思考、表达。例如,学生 A 说:"我提议今晚我们参加篝火晚会。"学生 B 表示反对:"不想去篝火晚会,我们去看冰灯吧。"如果其他同学还有意见,就会七嘴八舌地争起来。教师应意识到,这样的争论不是论证,不涉及逻辑,因为这样的表达缺乏论证的要素——"前提 + 结论"。教师可以问学生 A:"你为什么建议去篝火晚会?"这实际上是引导学生为自己的结论增加前提。当学生 A 说出理由,如"前几届很多师兄师姐参加过篝火晚会,他们大部分都感觉很好"。教师可问学生 B:"你觉得呢?"此时学生 B 就有可能针对 A 的看法进行辨析,并提出自己"去看冰灯"的理由也即论证的前提,这样,争论就指向了论证,有助于提高学生基于逻辑进行论证的思维能力。

四、辩证:思维的框架

毛泽东说:"如果辩证法唯物论被中国无产阶级、共产党、及一切愿意站在无产阶级的立场的人们之广大革命分子所采取的话,那么,他们就得到了一种最正确与最革命的宇宙观与方法论。"反之,"如果不懂得辩证法,则我们的事情是办不好的,革命中间的错误无一不是违反辩证法的。"①

辩证思维极其重要，它是思维的根本依据和基本原则，规定了思维的基本方向，决定了思维的品质和效能。《庄子》中"庖丁解牛"的故事中有"技进乎道"的说法，如果说前述抽象知识是思维的素材，逻辑是组织和调用素材的"技"，那么辩证法就体现了思维的"道"。"辩证"一词为和制汉语②，由日本学者根据西方文字翻译而来，有"争辩与证明"的含义。我们这里所说的辩证法特指唯物主义辩证法，它有三个特点或者说三个要求：普遍联系、动态发展、对立统一。中小学生学习的知识绝大部分都体现了辩证思维的特点，是辩证思维的成果。学生需要掌握辩证思维方法并藉此提高思维素养。

（一）普遍联系的系统观

近日，电动自行车在广州主城区被禁行，网络上有报道称，禁行后主城区的空气污染有了较明显的改善。网友 A 认为这是胡扯，电动车又没有污染排放，其禁行怎么可能降低污染？此论得到了大批网友的赞同。网友 B 提出，交通拥堵时，汽车发动机低速乃至怠速运转时尾气中污染物浓度最高，而且缓行或停车相当于延长了尾气排放时间。电动自行车禁行大大缓解了主城区的交通拥堵，从而使汽车尾气造成的空气污染得到缓解。从这两则评论可以看出网友 B 的思维水平明显高于网友 A，原因在于他能用普遍联系的眼光看问题，而后者看问题片面，"只知其一不知其二"。

---

① 毛泽东：《辩证法唯物论提纲》，天津人民出版社 1958 年版，第 10、42 页。
② 所谓"和制汉语"，就是日本近代在翻译英文词汇时，借用汉字"创造""半创造"的一些词汇，后传回中国，成为近现代汉语的一部分。

我们很熟悉一个成语,"牵一发而动全身",它形象地说明,我们在对事物进行观察和理解时,一定不能孤立地就事论事,必须重视此事物与彼事物、此事物与整个世界的联系,在联系中认识和理解事物。所谓联系,指的是事物内部诸要素之间和事物之间相互作用、相互影响的关系。

整个世界是一个普遍联系的统一整体。首先,自然界中各事物存在普遍联系。从巨大的天体星系到原子核内部的基本粒子,从无机界到有机界,从植物界到动物界,从低等生物到高等动物和人类,都处于普遍联系之中。其次,在社会生活中,各种社会现象从经济、政治到思想文化,也无不处在普遍联系之中。再次,人类社会同自然界之间也存在着联系,人类社会的发展建构要适应大自然,同时也影响和改变着大自然,地理学科中的人文地理,以及生物学科中的人类对自然生态系统的影响,都是人类与自然普遍联系的表现。最后,客观世界同人的意识——认知、情感、价值观——之间也存在着联系,客观世界塑造人的意识,人的意识又能动地反映着客观世界。

请读者回顾本书第一章中的三个案例。

第一个有关自然科学的案例中,电功率是解决问题需要调用的核心物理知识,它与生活应用——估算 24 小时消耗多少电能——相关联,要估算出此数据,就要关联特定的估算与测试条件,包括环境温度与散热条件、冰箱开关门次数与时间、冰箱内物品的种类及摆放方式,等等。由此可见,解决这个问题必须关联多方面的因素。

第二个有关社会科学的案例,其关键是解释、评价一个社会政治现象,同样需要关联多方面的因素。以阿根廷新任"怪异"总统赢得大选为切入点，作者关联了西方社会中知识、信息、信念传播的路径及历史演进，进而将社会传播与美国总统选举关联起来；同时，作者还关联了社会传播的物质基础，分析二者是如何协同演进的，进而探讨了社会传播对总统选举产生影响的关键因素；最后，作者关联了米莱的选举，具体呈现其如何利用社会传播策略竞选总统并获得成功。

第三个有关艺术表达的案例，作者写了一篇表达情感的记叙文，从中我们可以看到该文有三方面的关联：一是以时间为线索关联了诸多与父母冲突的细节；二是关联了客观事件与内心的感受；三是冲突之外的其他事物与现象，如男友送给自己的葡萄，男友的家庭氛围。基于这些多重多向的关联，我们看到一幅完整、丰富、生动的生活及情感画面，并因此而心生感动。

上述分析及案例显示，总的说来，学生思维活动中的关联指向三个方面：知识与生活关联、学科内知识的关联、学科间知识的关联，我们可在这三个方面对学生加强引导，帮助他们建立由普遍联系的系统观驱动的思维框架。

1. 知识与生活的关联

学生学习的知识与生活的关联表现在：学科知识源于生活也服务于生活，学科知识描述、解释与人类生活相关的事物和现象，在此基础上优化人类的生存和发展。我们来看《普通高中教科书·物理·必修·第一册》序言中的几段话[①]：

> 物理学的发展，推动了工业、农业和信息技术等方面的进步，

---

① 本书引用的教材内容均来自人民教育出版社"中小学教材电子版"。

引发了一次次的产业革命，改变了人类的生产和生活方式。技术的进步又为物理学的研究提供了更为强大的手段，并引发人们对物理问题进行更深入的思考，从而反过来促进物理学的发展。

创立于17世纪的牛顿力学，被广泛地应用于工程技术，大大推动了社会发展。18~19世纪，工程上对蒸汽机等热机的改进需求，又迫使人们对热的问题进行深入研究，引发了热力学的巨大进步。

19~20世纪初，电磁学的发展，直接导致发电机和无线电通信的诞生，使电能被广泛利用。电走进了千家万户，世界被电灯点亮，电话和电报把各地的人们连接起来，人类从此进入了电气时代。

进入20世纪以后，物理学的研究范围更加广阔。人们掌握了微观世界的规律，这更为有力地推动了技术的进步和社会的变革。对原子核的认识，使人们掌握了核能，建造了核电站并发展了治疗肿瘤的放疗等技术；对固体中电子运动的研究，引发了半导体工业的诞生，导致了晶体管、集成电路和大容量电子存储技术的发明，从而使人们可以制造半导体芯片；对原子、分子物理和光学的深入研究，引发了原子钟、激光和光纤通信等技术的诞生。原子钟是卫星定位系统的核心，激光被广泛用于工业、通信、医疗和国防，而遍布全球的光纤网是互联网的物理载体，它把全世界连在一起。毫不夸张地说，20世纪是物理学的世纪，人们每时每刻都在享受物理学发展带来的果实。今天世界的整个面貌，都和物理学的巨大进步密不可分。

由此可见，学科知识与人们的生活存在密切关联，翻阅当前的教材，几乎每一个知识点都能与生活实践关联起来。这些关联主要说明了知识的来源及应用，教师应敏感地意识到所教知识与生活实践的关联，并且引导学生发现、思考这些关联。这样的关联将学生的学习、思考置于真实的生活实践中，对其通过学以致用解决生活中的实际问题非常重要。本书第三章有关思维测评的"设置真实的情境与真正的任务"部分对此进行了更深入的分析。下表总结了不同学科领域的知识如何与生活形成关联。

	知识与生活的关联	
	描述与解释	优化生存与生活
自然科学	各种自然事物的发生与发展、构成与性质，以及自然事物之间的关联。	对自然进行适应性改造；设计、研发各种产品、器具、工程。
社会科学	社会事件、社会现象、社会关系的发生发展及它们之间的关系。	在优化社会制度和社会关系的基础上，生成各种社会性产品和支持系统，如教育、医疗、文娱。
艺术	基于情感的驱动，以"有意味的形式"再现或表现世界的样貌、真相、本质及人的情感反应。	创作高品质的艺术作品，呼应人们的情感需求，为人们提供精神、心灵的愉悦和满足。

由此分析可见，知识与生活的关联中的"描述与解释"指向了回答"是什么""为什么"，而"优化生存与生活"则指向了回答"怎么办"。基于此，知识与生活的关联是思维的成果，也驱动着思维。现实世界、现实生活是所有知识"生长"的基础和源泉，我们不仅要让学生认识知识"生长"的根脉，理解知识不是凭空而来的，更重要的，知识从生活实践中生成的路径蕴含着特定的思维方法、思维策略，帮助学生理解、习得这些方法和策略对其思维素养的提升无疑是非常重要的；同时，帮助学生在学科知识与生活之间

建立关联也为其学以致用奠定了基础，而且这是对学生的思维素养进行测评需要关注的一个重要方面。

2. 学科内知识的关联

知识的关联既包括因知识不断深化而形成的纵向关联，也包括因知识领域不断扩展而形成的横向关联，学科内的知识因关联而构成了一棵"知识树"。

我曾在教师培训时问教师一个问题："为什么长方形的面积是长×宽？"这个问题看似简单，很多教师却答不出来。此问题涉及多个数学知识的关联：计算面积首先要界定面积单位，其几何定义是边长为1的正方形。基于这样的定义，我们用长×宽计算长方形含括多少个边长为1的正方形，并以此表征长方形的面积。在此基础上，我们分别用割补法和分半法计算平行四边形和三角形的面积，再把梯形分解成两个三角形和一个矩形得到其面积计算公式。这个例子提醒我们，任何一个知识都有"来龙去脉"，都与其他知识存在关联，包括纵向和横向的关联。

搞清楚学科内知识的关联，我们就能看到知识从无到有、从少到多变化的过程，这将赋予知识以生长和生命的属性，知识因此而被活化和功能化，这有助于学生不仅知其然更知其所以然，即知识因何而生，又如何发展。

下图是初中数学"平面内直线之间的位置关系"部分的知识框架，从中我们可以看到知识之间纵向和横向的关联[①]：

---

① 课程教材研究所等：《义务教育课程标准实验教科书·数学·七年级下册·教师教学用书》，人民教育出版社2005年版。

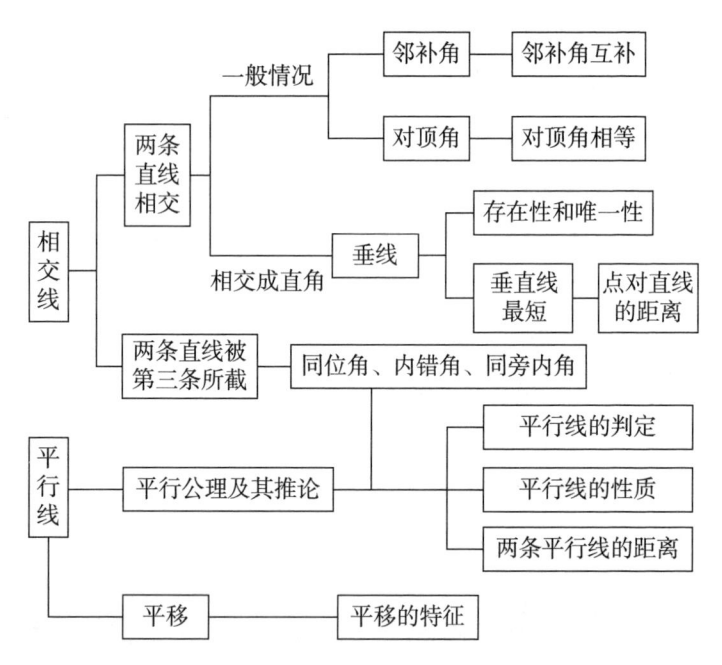

```
                                     ┌─ 邻补角 ── 邻补角互补
                         ┌─ 一般情况 ─┤
              ┌─ 两条直线 ┤            └─ 对顶角 ── 对顶角相等
              │   相交   │            ┌─ 存在性和唯一性
      ┌─ 相交 ┤          └─ 相交成直角─ 垂线 ─┤            ┌─ 点对直线
      │   线 │                              └─ 垂直线最短 ─┤   的距离
      │      │
      │      └─ 两条直线被 ── 同位角、内错角、同旁内角
      │         第三条所截
      │                                        ┌─ 平行线的判定
      │      ┌─ 平行公理及其推论 ─────────────── ┤─ 平行线的性质
      └─ 平行 ┤                                 └─ 两条平行线的距离
          线 │
             └─ 平移 ──────── 平移的特征
```

由此可见，学科内的知识有着紧密的关联，知识之间有明确的承继关系，通过推演可以在已有知识上"生长"出新知识。就像砖瓦只有附着于坚实、合理的框架之上才能形成稳固的建筑，我们也要引导学生通过思维加工发现、理解学科内诸多知识的关联，在此基础上形成清晰的认知与知识结构。

当前，教师在教学中越来越多地使用思维导图来呈现知识之间的关联，也要求学生利用思维导图对所学知识进行梳理，这当然是有价值的，但我们不能满足于将诸多概念以图表的形式呈现出来，而要关注这些知识为何以及如何产生关联——例如，当前所学知识的源头是什么？其发生的动力及发展的过程是怎样的？与之前的知识相比此知识解决了什么问题？与它关联的知识有哪些？此知识尚存在怎样的局限，其未来的发展是怎样的？基于这样的思维加工，教学中的知识不再是孤立、静态的,学生得以看到知识"生长""关联"的逻辑和路径,从而形成对知识真正的理解。

3. 学科间知识的关联

俗话说"文史哲、理化生不分家",说明各学科知识天然而又必然地存在关联。我们可以从不同的学科视角审视某个知识,这为知识赋予了多重属性,也为学生提供了从多个角度对知识进行思维加工的机会。当前教学提倡和推行的 STEM 教育、项目式学习、探究式学习、综合实践活动等,其共同特征是强化学生的学以致用,鼓励其面对真实的问题和任务,而真实的问题和任务往往是泛学科的,需要多学科知识之间的关联。

某自媒体平台发布了介绍青台遗址的视频,我在很多教师培训课程中播放了这段视频,无论什么学段,也无论哪个学科,几乎所有教师都对视频非常感兴趣。他们专心致志,不时露出会心的微笑,视频放完仍意犹未尽,课间休息时还会就自己不理解的内容向我求证或与同事讨论。下面是该视频中介绍青台遗址出土的星图的内容:

郑州距离黄河 8 公里的青台遗址出土了一张星图,十个陶瓮摆在一起,其中七个是我们熟悉的北斗七星形状,旁边三个应该是北斗星座附近的三颗暗星,在中国传统天文学中被称为弼星、辅星和相星。

按照甲骨文记载,从 3500 年前商朝开始,皇帝就在冬至这天祭祀,周礼明确规定,冬至日天子去首都的南方祭祀。这个传统被历代继承下来,大家看老北京地图,天坛就在城市的南方,1910年,只有五岁的溥仪就在冬至日去天坛祭祀。袁世凯也在 1914

年冬至，带领文武官员穿上古制礼服去天坛祭祀，次年就当上了皇帝。

星图的发现地点是一个4000平方米的祭祀广场，周围有一个类似于天坛的平台，星图上斗柄的方向对应冬至那天晚上的北斗指向。接下来我们回顾一下天文学的常识。地球绕着地轴旋转，从人类的视角看，日月星辰每24小时绕地球一周，只有北极和南极方向的星原地不动。所以用延时摄影的方式拍摄星空就会变成星轨，所有的星星都围绕北极星旋转，一晚上差不多180度；同时，地球还以年为周期绕着太阳公转，所以每过一个季节，一个星座的位置就要绕着北极星旋转90度。人类据此在天黑的时候观察某个星座的指向，就能判断季节和日期，或者根据季节判断到天亮还有多长时间，这对于没有日历和钟表的古人来说非常重要。

下面这张图是从河南省的位置看天空，不同季节的晚上六点时北斗七星的位置，中间的圆心是北极星。从这张图来看，北斗七星并不适合作为判断时节的依据——恰恰最需要星座的冬至前后（春、夏时可通过植物状况判断时节），北斗七星一部分被挡在地平线以下。但是五千年前的北极并不在现在的位置，地球在自转、公转的过程中，由于月球的影响，地轴的指向也在发生缓慢变化，以25800年为周期，在星空上扫出一个圆，这个变动叫岁差。五百年前的今天，麦哲伦的船队刚刚离开海岸进入大西洋，他头顶上的北极位置和现在已经相差近8度，达到肉眼就能看出差别的程度。大家看这张图，我们把时间前推五千年，也就是公元前三千年，我们的祖先在黄河岸边制造这座祭坛的时候，北极星是天龙座α，比现在的小熊座α更靠近北斗星。接下来的一千年，直到形成天文学的商朝中期，北极越来越靠近北斗，古人每天晚上都可以看到北斗星在北极附近一个很小的圆形范围内旋转。三千年前河南附近的人晚上六点观测不同季节的北极星，可以画成这样的图，北斗星是挡不住的，而且是最靠近北极星的一组亮星，非常适合当日历。

商朝之前的星空中，北斗星的旋转实在太明显，古人专门造了一种玉器——"璇玑"——表现北斗星的位置。所谓璇玑，就是北斗星座的天璇星、天玑星，玉器外形对应的是这两颗星在四个节气的星空位置。大家从这张星图可以看到，在公元前三千年的北极星和北斗星座之间，没有很明显的亮星，所以北斗星座就是北极附近最明显的星座，甚至可以代替北极星。孔子在《论语》里有一句话："为政以德，譬如北辰，居其所而众星共之"，北辰就是替代北极的北斗星座。

从孔子的时代到现在，北极的位置又逐渐远离北斗星座，所以那时人们认为北辰是北极星，否则没法解释为什么其他的星都围着它转。但实际上，"辰"字的本意是贝壳上一圈圈的生长线，引申为星空的旋转轨迹，北辰就是夜空中旋转最明显的星座，是文明早期最靠近北极的北斗七星。直到21世纪，我们在看电视剧的时候，还能听到"天上的星星参北斗"，这实际上是上古时代的天文观测记录。这句话的原型可能比大禹治水还要古老，没准就是青台遗址上某个人发明的。

在这个视频中，历史、地理、文学、艺术，多个学科的知识被有机地关联、整合在一起，我们从中学到了很多，也会有很多感慨，这样的教学如果发生在中小学的课堂上该有多好！颇有意味的是，这个视频的标题是《中国工程师动作太快，语文地理老师追不上了》。负责内容制作、播出的人原来是一个工程师，他很敏锐地发现了青台遗址中星图的价值，通过多方面知识的梳理与整合，呈现了一个生动、完整的知识产品。从思维培养和测评的角度，这值得所有学科教师反思，在多学科知识关联方面，我们是否真的落后了？！

总的说来，在思维培养和测评过程中，我们要在思维内容和思维方法上重视和体现学科间的关联。例如，在文学文本解读时引入历史知识与学科方法，在解决物理问题时引入化学、数学知识及相应的学科方法，在解决地理问题时引入历史文化、物理知识及相应的学科方法。

我们在第三章分析思维素养的测评时，明确提到"要在测评中设置真实的情境，给学生布置真实的任务"，这实际上是将学生带到一个真实的世界中，而在真实的世界中，任何一个事物和现象都必然蕴含、关联多学科的知识，我们对其进行观察、解释或解决相关问题，就自然应当全面地关联、整合多学科的知识。

（二）动态演进的发展观

世界上的万事万物总处于发展变化中，我们也必须以动态和发展的眼光看待和认识这个世界。习近平总书记在《正确认识改革开放前和改革开放后两个历史时期》中提出："不能用改革开放后的历史时期否定改革开放前的历史时期，也不能用改革开放前的历史时期否定改革开放后的历史时期。"这句话明确反对割裂的思维方式，提倡要以连续、动态、发展的眼光看问题。

古希腊哲学家赫拉克利特有一句名言："人不能两次踏进同一条河流。"在他看来，宇宙万物没有什么是绝对静止的和不变化的，一切都在运动和变化。恩格斯高度评价了他的这个思想："这个原始的、素朴的但实质上正确的世界观是古希腊哲学的世界观,而且是由赫拉克利特第一次明白地表述出的:一切都存在,同时又不存在,因为一切都在流动,都在不断地变化,不断地产生和消失。"①

总之,动态演进的发展观是思维辩证法的重要体现,我们要引导学生在思维过程中关注发展变化,建立能够响应认知对象发展变化的思维模式。

1. 聚焦发展变化

有很多我们耳熟能详的成语都在描述无处不在、永不停歇的发展变化,如日新月异、蒸蒸日上、一日千里、沧海桑田、日积月累、随机应变、新陈代谢、今非昔比、事过境迁、物是人非、时移世易,等等。智者有言,"逝者如斯夫",诗人慨叹:"人面不知何处去,桃花依旧笑春风。"佛家开示:世界有"成、住、坏、空",人生有"生、老、病、死",事物有"生、住、异、灭"……所有这些都在表达人们对世界的一种本质的认识:自然界、人类社会及人自身都处于发展变化之中,没有发展变化的事物是不存在的。因此,要想让学生正确认识这个世界,就要引导学生对知识的"发展""变化""演进"等属性形成认识与理解。

面对特定的认知对象,我们要引导学生了解其过去的状态,并与当前的状态做对比,进而展望其未来可能的状态。很多时候,事物或现象的性质与本质只有在其活动变化时才表现出来,关注事物的发展变化是对其形成真确、深刻认识的好机会。例如,我们只有观察一粒种子破土而出的发展变化过程,才能了解种子里各部分的功能及它们之间的关系,以及种子萌发需要的条件,我们也能在这

---

① 《马克思恩格斯选集(第3卷)》,人民出版社1972年版,第60页。

个过程中看到、体会种子萌发所蕴含的巨大能量及"坚韧不拔"的姿态。再如，日月交替与四季变换、美人白头与英雄迟暮、潮起潮落与云卷云舒、花开花落与沧海桑田——"曾经沧海难为水，除却巫山不是云"，通过观察和对比认知对象的过去、现在、未来，人们生发了深切的感慨和真挚的共鸣。

除了通过前后对比了解事物的发展变化，我们还应引导学生关注事物发展变化的过程，这对理解事物的性质及其发展变化的规律也非常重要。例如，我们只有观察一个学生学习的过程，才能够了解其学习成绩的变化、学习方法的优势与不足、学习的坚持性与灵活性、学习效能感，等等。再如，一个物体运动速度的变化可以用正弦函数予以表征，如果只观察它一个运动周期的起点和终点，会发现二者的速度大小及方向是一样的，看起来似乎没有任何变化，这就要求我们必须关注其运动过程，才能真正把握其运动的特征及规律。再如，对一个化学反应，我们可以从分子乃至原子层面观察其发展变化的过程，藉此深刻地认识其发展变化的机制与条件，从而更好地回答相关的"是什么""为什么"和"怎么办"的问题。

2. 量变与质变

总的说来，事物发展变化中既有量变也有质变。量变是事物只有数量增减而其性质、本质相对稳定的变化；质变是事物性质、本质发生根本变化，由一种质态向另一种质态的转变。在某个"度"的范围内的变化是量变，超出"度"的变化是质变。量变是质变的准备，没有量变的积累，质变就不会发生；质变是量变的必然结果，量变达到一定程度必然引起质变。"冰冻三尺非一日之寒"就是对量变的积累引起质变的形象说明。量变和质变相互渗透，在总体量变过程中可能存在阶段性或部分质变，在新质的基础上，事物又开始新的量变并形成交替循环。

认识量变与质变有两个重点：

第一，量变、质变的阶段性。对事物发展的阶段形成准确的判断，是理解量变积累与质的转化的关键。例如，1938年5月毛泽东在延安抗日战争研究会上作了《论持久战》的演讲，论述了抗日战争量变、质变过程中的三个阶段——战略防御、战略相持、战略反攻，揭示了抗日战争发展的过程和规律。再如，瑞士心理学家皮亚杰将个体的认知发展分为四个阶段：动作感知（0~2岁），前运算（2~6岁），具体运算（6~12岁），形式运算（12岁以上），不同的阶段对应、显现了思维能力的提高，其中既有量的积累，更有质的飞跃。

第二，量变积累引发质变的"度"。量变的积累要达到一定的"度"才能引发质变，换言之，事物某方面的发展要达到某个"度"，它才具有新质的属性。例如，水温不断降低，这是一个量变的过程，一旦降到0°，就达到了使事物发生质变的"度"，温度再降低，水的物理形态就会发生质变，由液态变为固态。需要指出的是，量变引发质变的"度"既有绝对性，也有相对性。例如，0°是使水的物理形态发生质变的绝对的"度"（在一个标准大气压的条件下），而使一个人从感觉"凉快"到感觉"冷"的气温的"度"则具有相对性，因为个体的感受具有主观性。总的说来，事物、现象的客观性越强，其从量变到质变的"度"的绝对性、明确性越强。自然科学领域中，从量变到质变的"度"往往有清晰的定义，有较强的绝对性，而人文社科与艺术领域的事物和现象，从量变到质变的"度"往往有较强的相对性。

第一章 思维素养的内涵

3. 渐变与突变

"渐"的意思是"缓慢地""一点一点地",渐变强调变化的连续性,往往有迹可循,如抛物线(对应的函数为 $y=x^2$)就是典型的渐变线,用数学语言描述就是"该曲线处处可导"。"突"有"忽然""超出""冲破"之意,突变强调变化的不连续性、突然性,如一条折线上的折点体现的就是突变,用数学语言描述即为"此折点不可导"。

渐变中往往存在稳定、明确的因果关系,换言之,事物的渐变往往由某种明确的"力量"驱动,就像牛顿第二定律所描述的:$F=ma$,某个力作用于质量为 m 的物体,会使其产生大小为 a 的加速度,该加速度即体现了速度的渐变。因此,认识渐变的关键是把握其中的因果关系,理解事物发生变化的原因、驱动是什么。这样的认识有一个重要价值,就是对事物发展变化的状况形成预测,而可预测性恰恰是渐变的一个重要特点。

在大自然、人类社会乃至在人们的情意世界中都存在大量的突变现象。例如,动植物的基因突变,战场上的风云突变,人际交往中突然的冷漠,等等。突变的发生不仅有突然性,还往往是不可预测、不可控制的,很多时候只能在突变发生后对其发生的原因及过程进行分析。因此,人们往往厌恶突变,尽力避免突变的发生,例如,很多人在到外地旅游前一定会做攻略,就是为了尽量消除旅程中的不确定性。但是,无论计划多么周密,还是会出现突发状况,即所谓的"计划赶不上变化"。

有趣的是,突变会给人们带来"惊吓",也有可能带来"惊喜"。例如,某种农作物因基因突变而能够更好地抗病虫害,或产量提高,或口感优化,或营养密度提高,这些就是对人类有用的、让人们满意的突变。还有,某个作家的作品风格出现突变,很有可能给读者带来全新的审美感受,这也算是一件快意之事。因此,突变有积极的一面是因为它催生了对人类有意义、有价值的新事物或新现象。

(三)对立统一的矛盾观

前面我们分析了思维辩证法的两个方面——普遍联系的系统观与动态演进的发展观,以下分析的对立统一的矛盾观与这两个方面相比更本质、更重要,换言之,系统观与发展观以矛盾观为前提和基础。

下面是我们耳熟能详的一些看似矛盾的说法,它们构成了世界和思维的 A、B 面:

A 面	B 面
光阴似箭	度日如年
出淤泥而不染	近墨者黑
兔子不吃窝边草	近水楼台先得月
好男儿宁死不屈	大丈夫能屈能伸
宁可玉碎不为瓦全	留得青山在不怕没柴烧
瘦死的骆驼比马大	拔了毛的凤凰不如鸡
三百六十行,行行出状元	万般皆下品,唯有读书高
人不犯我,我不犯人	先下手为强,后下手遭殃
善有善报,恶有恶报	好人不长命,祸害遗千年
车到山前必有路	无可奈何花落去

续表

A 面	B 面
一个好汉三个帮	靠人不如靠己
退一步海阔天空	狭路相逢勇者胜
金钱不是万能的	有钱能使鬼推磨
小心驶得万年船	撑死胆大的,饿死胆小的
得饶人处且饶人	有仇不报非君子
明人不做暗事	兵不厌诈
百善孝为先	忠孝不能两全
邪不压正	道高一尺,魔高一丈
人定胜天	天意难违
人多力量大	三个和尚没水吃

这是不是非常有趣？两两相对的说法中，你相信哪一个，或者你认为哪一个是正确的？事实上，两个说法中并不存在一个所谓正确的说法，这是由既对立又统一的事物、现象的矛盾决定的。

矛盾指事物内部对立着的两个方面之间的互相依赖又互相排斥的关系，即对立统一。《韩非子·难一》记载："楚人有鬻盾与矛者，誉之曰：'吾盾之坚，莫之能陷也。'又誉其矛曰：'吾矛之利，于物无不陷也。'或曰：'以子之矛陷子之盾，何如？'其人勿能应也。"这里的"矛盾"比喻言行自相抵触。

需要注意的是，思维辩证法中的矛盾与此故事及日常生活中的矛盾不是一回事，人们往往将解释现象时出现的逻辑上的错误称为矛盾，或者指生活中遇到的难题、困惑、左右为难。辩证思维中的矛盾是事物本身所固有的本性及其在人们思想上的反映，强调对立和统一同时存在于一个事物或现象中。生活中常见的上下、左右、大小、轻重、长短、高低、真假、善恶、劳逸、行止、进退、工农之间的差别，乃至同学之间的不同意见，等等，都是矛盾。教学中涉及的正负、加减、乘除、作用力和反作用力、吸引和排斥、化合和分解、氧化和还原、同化和异化、遗传和变异、生和死、公有制和私有制、剥削和被剥削、无产阶级和资产阶级、唯物主义和唯心主义、辩证法和形而上学，等等，也都是矛盾。[1] 总之，我们要帮助学生在思维过程中建立对立统一的矛盾观，这是观察和理解世界、社会的基本模式。

1. 矛盾的同一性和斗争性

建立思维的矛盾观，首先要认识矛盾的基本属性——同一性和斗争性。

（1）矛盾的同一性。矛盾的同一性有两层含义。第一，矛盾双方在一定条件下共处于一个统一体中，失去一方，另一方也不存在。矛盾的对立双方都不能单独存在，而以自己的对立面作为存在的前提，如果没有对方，它自己也将不会存在。比如，一块磁铁总有南北两极，这两极总是不可分割地联系着，要想得到只有南极而没有北极或者只有北极而没有南极的磁铁是不可能的，如果把它的一极的磁性消除了，那么它的另一极的磁性也将同时消失。第二，矛盾双方相互渗透、相互转化。矛盾着的每一方都包含和渗透着对方的因素和属性，你中有我、我中有你，此中有彼、彼中有此。例

---

[1] 参见上海教育学院政教系主编：《高中〈辩证唯物主义常识〉教学参考》，教育科学出版社1984年版。《辩证唯物主义常识》编写组编：《辩证唯物主义常识》，人民教育出版社1982年版。

如，吸引中有排斥，排斥中有吸引；化合中有分解，分解中有化合；同化中有异化，异化中有同化；遗传中有变异，变异中有遗传；感性认识中有理性认识，理性认识中有感性认识；绝对真理中有相对真理，相对真理中有绝对真理，等等。矛盾双方在一定条件下可以相互转化，比如，战争转化为和平，和平转化为战争；成功转化为失败，失败转化为成功；冷转化为热，热转化为冷；快转化为慢，慢转化为快，等等。

（2）矛盾的斗争性。矛盾的斗争性是指矛盾双方相互排斥、相互分离的性质和趋势。例如上与下、左与右、强与弱、大与小、多与少，等等。矛盾双方的此消彼长是矛盾斗争性的典型体现，就像把天平一端的砝码拿到另一端，一端的重量越来越轻的同时另一端的重量越来越重。此消彼长往往是矛盾双方相互排除、相互冲突、相互反对的结果，即矛盾双方都力图削弱对方乃至剥夺对方的存在，这样的过程发展到极端就是矛盾的一方克服、消灭了另一方。

恩格斯指出："两极的分离和对立，只存在于它们的相互依存和联系之中，反过来说，它们的联结，只存在于它们的相互分离之中，它们的相互依存，只存在于它们的对立之中。"[1]这说明矛盾的同一性与斗争性是同时存在的。只有同一性没有斗争性，或者只有斗争性没有同一性的矛盾是没有的。同一包含着斗争，即所谓的"相反"才能"相成"；同时，斗争之中有同一，矛盾双方只有在统一体内才有斗争，斗争的形式、规模等都受到同一性制约。

由于矛盾双方既互相依赖又互相斗争，使得矛盾双方的力量和

---

[1] 《马克思恩格斯选集（第3卷）》，人民出版社1995年版，第494页。

地位发生变化，于是推动了事物的发展变化。例如，危机中存在着"危"和"机"的矛盾双方，它们统一于一个现实的危机中；同时，它们之间也存在着斗争，克服困难、战胜困难就是"机"对"危"进行的斗争，"机"藉此逐渐显现、壮大，并最终形成转"危"为"机"、化"危"为"机"。

2. 内部矛盾和外部矛盾

矛盾有内部矛盾，也有外部矛盾，这构成了事物发展变化的内因与外因。内因指系统之内的因素，外因指系统之外的因素，例如，人体就是一个相对独立的功能性系统，其中遗传基因、体质、器官机能等是决定个体身体状况的内因；个体生存的环境——包括自然环境和社会环境——其中能对身体状况产生影响的因素则是外因。事物的发展变化主要是由事物内部矛盾引起的，内因是事物发展变化的根据，外因是事物发展变化的条件，外因通过内因而起作用。例如，一个人出差在外，因患病毒性流感而使机体发生了变化如高烧、肌肉酸痛、呕吐。疲劳、饮食不规律、环境骤变是引发机体变化的外因，而机体自身的免疫功能与流感病毒之间的矛盾是引发机体变化的内因。在外因的条件作用下，机体免疫力下降，在与病毒的斗争中处于劣势，这是机体患病的根本原因。需要指出的是，疲劳、饮食不规律、环境骤变等外因要通过内因起作用，如果个体体质足够好、免疫力足够强大，在与病毒的矛盾中能占上风，外部因素是无法让机体致病的。

3. 主要矛盾与次要矛盾

任何事物都包含着矛盾，简单事物包含一对矛盾，而复杂事物会包含许多矛盾。在复杂事物中各对矛盾的地位和作用是不一样的，有主、次之分，其中有的矛盾是主要矛盾，起着领导的、决定性的作用，有的矛盾是次要矛盾，处于服从地位，主要矛盾规定或影响着次要矛盾的存在和发展。

例如，学校领导让小王做一个项目汇报的PPT，领导提醒小王，汇报就在当晚，时间紧急，PPT一定要含括项目最重要的内容。汇报前小王把PPT交给领导，领导发现小王把PPT做得花里胡哨，搞了很多动画和装饰，内容上却有不少疏漏，说明小王没有抓住工作重点，没有分清主次。这提醒我们，在解决问题时必须着重抓住主要矛盾、解决主要矛盾。生活中有很多我们耳熟能详的俗语，如"牵牛要牵牛鼻子""打蛇要打七寸""擒贼先擒王"，这些都在强调认识、解决问题时要抓住和解决主要矛盾。

主要矛盾和次要矛盾在一定条件下可以相互转化，即次要矛盾的重要性会加强而成为主要矛盾，主要矛盾的重要性会减弱而成为次要矛盾。这既体现了事物永远处于发展变化之中，也体现了事物的发展是在从量变到质变、又从质变到量变的无限交替过程中实现的。

综上所述，我们要基于辩证法认识世界、解决问题。列宁说："辩证法是一种学说，它研究对立面怎样才能够同一，是怎样（怎样成为）同一的——在什么条件下它们是相互转化而同一的——为什么人的头脑不应该把这些对立面看作僵死的、凝固的东西，而应该看作活生生的、有条件的、活动的、彼此转化的东西。"[1]我们要重视帮助学生建立辩证的思维框架，这样才能更准确、更全面、更深刻地认识世界。

中国传统文化中有极为丰富、深刻的辩证思维。例如，《论

---

[1] 《列宁全集（第55卷）》，人民出版社1990年版，第90页。

语·雍也》有言："质胜文则野，文胜质则史。"对"质"和"文"这一对矛盾的关系进行了辩证思考。《庄子·逍遥游》写道，一棵树树干长着赘瘤，枝杈弯弯曲曲，它被木匠无视，因为它没用，无法被做成任何家具器物。但庄子却认为，和别的所谓"有用"的树相比，它也避免了被砍伐的命运，能够保生、逍遥，这不正是拜其"无用"所赐吗？此外，体现辩证思维的典范——《道德经》有言："有无相生，难易相成，长短相较，高下相倾，音声相和，前后相随。""持而盈之，不如其已。揣而锐之，不可长保。金玉满堂，莫之能守。富贵而骄，自遗其咎。""曲则全，枉则直，洼则盈，敝则新，少则得，多则惑。"这些言辞体现了多么精妙的辩证思维！建议读者仔细阅读并深刻理解这些理念，理解其中的思维辩证法，并以此观照学科教学中有关辩证思维的内容，进而优化有关辩证思维的教学与测评。

五、知识：思维的载体

有这样一个问题："三个不等高的蜡烛在一个玻璃箱中点燃后，将玻璃箱封闭，蜡烛熄灭的顺序是怎样的？"要想回答这个问题，就要掌握诸多物理、化学知识，包括空气的主要组成成分、判断各类气体密度的方法、燃烧过程的化学反应及各类气体消耗与生成的情况，等等。可以想见，如果不具备这些知识，思维是无法开展活动的，回答这个问题就只能靠盲目猜测。这样看来，思维与知识有着极为密切的关系，面对和解决问题时，可以说思维是软件，知识是硬件，二者共同构成一个功能性的系统。

在思维培养、测评时，不能忽视知识在思维过程中的作用，知识既是思维的载体，也是思维的素材，对思维过程的顺利开展有重要影响。同时，获取知识本身也是关键的教学目标，况且对学生的思维素养进行测评时，其知识的丰富程度以及对知识进行思维加工的方法也是不可或缺的评价指标。

(一) 知识和思维互为因果

网名"奥卡姆剃刀"的网友在自媒体平台上发表了一篇文章，讲述了一个真实的故事——他曾经的军校同事的经历：

他给非洲外训学员讲火炮原理，其中涉及"复进簧"，其作用之一是阻碍炮栓向后剧烈运动。我们觉得这个道理显而易见，但黑人学员就是理解不了，而他们并不笨，都是本国的精英军官。我同事把一个学员叫到教室门前，他拉开门，猛地一摔，门"砰"地一声关上了，吓了大家一跳。然后让黑人学员站在外面，用手轻轻抵住门，他再次猛地关门，因为黑人学员抵着门，门关上的速度变缓，也没有"砰"地一声。然后我同事就开讲了，说"复进簧"的作用，就类似那个黑人学员的手，然后学员们就恍然大悟了。

他给我讲这事时，我觉得他在编故事。后来我也遇到过类似事件，突然就想明白了。作用力与反作用力、弹簧可以储存和释放能量，这些不是娘胎里带来的本能知识，而是中国九年制义务教育的内容。非洲的基础教育薄弱，黑人学员没有学过，自然很难理解，这是正常的。黑人学员的理解能力差，我们教起来很费劲，不是他们天生智商低，而是缺乏基础教育。……从精英视角来看，九年制义务教育很基础，但对国家的发展来说极端重要，因为有知识的大众才是基本盘。千万不要小瞧初中毕业，经过了九年制义务教育的人已经脱胎换骨，怎样歌颂"基础教育"都不为过。

这个案例给我们的启发在于：基础教育给学生打下的基础，不仅包括必要的、丰富的知识，还包括高品质的思维能力，重要的是，这两个方面存在着密切关联。我们在对学生进行思维培养和测评时，一定要重视学生的知识储备和知识基础，并且将知识获得与完善作为提升学生思维素养的一个重要目标。有研究者指出[①]：

> 他们强调理解的重要性，认为事实性知识并没有那么重要。他们称事实性知识是表面的，理解则相对而言是深层次的。因此，教学的目标应该是确保学生能够理解，而不是只会背诵事实性知识。听起来不错，但有必要弄清楚事实性知识和理解之间到底是什么关系。显然，你不用有太深的理解，也可以具备很表面的事实性知识。即便不理解那是什么意思，我也可以知道水的化学式是 H_2O；我可能背过整张元素周期表，却不理解化学是什么。我可以背出欧盟成员国的名字，却不理解欧盟是什么。类似的情况还有很多。然而，这并不代表我在不具备事实性知识的情况下能够获得理解。理解元素周期表需要什么？需要更多的事实性知识。我需要知道周期表上的元素是按照原子序数从小到大排列的，同时也基于元素的化学和物理性质，以及核外电子的排布。理解欧盟需要什么？需要许多事实性知识，包括欧盟的起源、构成、法律等。比如，我需要知道欧盟理事会由欧盟各成员国的部长组成，是和欧洲议会并列的欧盟最重要的决策机构。

上面这段话说明，知识是理解这一关键思维过程的基础，理解

---

① ［瑞典］奥萨·维克福什：《另类事实：知识及其敌人》，汪思涵译，中信出版社 2021 年版，第 207-208 页。

第一章　思维素养的内涵

的能力也在对知识进行思维加工的过程中得以提高。从这个角度看，思维是为获取知识、应用知识、生成知识服务的。请读者回顾本书第一章开头的三个案例，无论是解决生活中的实际问题，还是对社会现象进行解释，抑或是表达内心的情感，都可以说是藉由理解世界和自我获得了相关的知识，知识和思维因此显现出互为因果的紧密关联。

（二）知识是思维的驱动与载体

知识和思维是"鱼"和"渔"、"器"和"用"的关系，这意味着知识是思维的驱动与载体，即思维要在特定的知识平台上展开，同时，必要的知识也有效地驱动了思维。

北京冬季会供暖，我将乳酸菌粉添加到牛奶里，将其放置在暖气片上，8~9个小时后就可以做成味道很好的酸奶。有一天早上我把乳酸菌粉放到牛奶里，然后因为处理了一件事情就忘了将其放到暖气片上，到单位才想起来，就打电话让家人把牛奶放到暖气片上。傍晚回到家，我拿起暖气上的"酸奶"，却发现没做成，还是牛奶的样子。这是怎么回事呢？我突然想起来，我一直用的都是全脂牛奶，这次网购没注意选了脱脂牛奶，这是第一次用这批脱脂牛奶，难道是因为牛奶被脱脂而无法被做成酸奶？可是，基于我所了解的生化知识，牛奶制作酸奶的原理是：牛奶中的蛋白质在乳酸的作用下发生了变性，没有脂肪好像关系不大。为了确定这一点，我查了相关资料。简单地说，乳酸菌可以代谢牛奶中的乳糖生成乳酸——这是乳糖不耐受的人适合喝酸奶的原因，当PH值达到4.6~4.7时，牛奶中的酪蛋白发生变性，因此凝集沉淀而形成浓稠的酸奶。这样看来，牛奶制作酸奶的生化过程中确实不需要脂肪参与。那么，这次酸奶没做成到底是什么原因呢？正在我百思不得其解时，家人回来了，他说早上因为手头忙一件事，在接到我的电话后也没及时把牛奶放到暖气片上，到快中午了才想起来。于是我把没做好的"酸奶"放回到暖气片上。4个小时后，酸奶做好了，而且和以前用全脂牛奶做的酸奶没有任何不同。

我知道酸奶这种食品的存在，知道用牛奶可以自制酸奶，我还知道自制酸奶的关键条件——添加乳酸菌粉、50度左右的温度、8~9小时的制作时间，这些都是经验性知识。为什么加入菌粉牛奶能变成酸奶？回答这个问题就需要理论性知识了，发酵、糖代谢、蛋白质变性是这个生化过程中的三个关键理论知识。由这个例子我们可以真切体会到，如果没有一定的生化知识，后面所有的思维过程都是无法启动的，更没有可能通过思维做出正确的、富有逻辑的判断。

我们再来看一个语文教学的例子。陶渊明在《饮酒·其九》中写道：

清晨闻叩门，倒裳往自开。问子为谁与？田父有好怀。壶浆远见候，疑我与时乖。褴缕茅檐下，未足为高栖。一世皆尚同，愿君汩其泥。深感父老言，禀气寡所谐。纡辔诚可学，违己讵非迷。且共欢此饮，吾驾不可回。

讲解这个作品，我们有必要关联更多的知识——如屈原的《渔父》——才能促进学生对诗作的理解：

屈原既放，游于江潭，行吟泽畔，颜色憔悴，形容枯槁。渔父见而问之曰："子非三闾大夫与？何故至于斯？"屈原曰："举世皆

第一章 思维素养的内涵　077

浊我独清,众人皆醉我独醒,是以见放。"渔父曰:"圣人不凝滞于物,而能与世推移。世人皆浊,何不淈其泥而扬其波?众人皆醉,何不哺其糟而歠其醨?何故深思高举,自令放为?"屈原曰:"吾闻之,新沐者必弹冠,新浴者必振衣;安能以身之察察,受物之汶汶者乎?宁赴湘流,葬于江鱼之腹中。安能以皓皓之白,而蒙世俗之尘埃乎?"渔父莞尔而笑,鼓枻而去,乃歌曰:"沧浪之水清兮,可以濯吾缨;沧浪之水浊兮,可以濯吾足。"

对比这两个作品我们会发现,陶渊明的《饮酒·其九》在立意、构思、素材等方面均模仿了屈原的《渔父》。两个作品中都有一个老人对他们自我放逐的生活感到不解,认为"举世皆浊""一世皆尚同",对他们提出了"淈其泥而扬其波""愿君汩其泥"的人生建议。陶渊明回绝了这样的建议,因为他"违己讵非迷",而屈原则鲜明地表达了自己的心志:"安能以身之察察,受物之汶汶者乎?宁赴湘流,葬于江鱼之腹中。安能以皓皓之白,而蒙世俗之尘埃乎?"由此可见,有了屈原作品的映照,更多的知识介入对陶渊明作品的理解中,非常有助于学生深刻理解作品的精神内涵和艺术手法。更重要的是,我们在前面分析了普遍联系的系统观,这样的知识介入本质上也是知识的关联,思维的系统性得到提高,思维也得以深化及升华。

在本例中,通过更多知识的介入,我们能体会到陶渊明的作品不仅表达的是他个人的想法,还是对前人"宁死不屈""洁身自好"精神的继承,我们因此得以从中概括、抽象出中国传统士人所具有的精神品质,这是所有怀着"忧道不忧贫""无求生以害仁,有杀身以成仁"理想的中国士人的"共同的"心声!

由此可见，知识驱动了思维，它还是思维的对象，为思维提供了素材。教材中的知识是人类思维加工的产物，学生通过思维获取知识某种意义上"重演"了这个过程，而这也是学生的思维得到锻炼、思维能力得以提高的载体。同时，学生掌握了多少知识，他们对这些知识的理解有多深，能否灵活应用知识，这些既是评价教育目标实现程度的关键指向，也是评价学生思维素养的核心指标。在对学生思维素养进行测评的时候，我们也要构建合理的知识平台，从而更准确地考察学生的思维素养。

综上所述，"知识就是力量"，知识提供了人们改造世界和自我的力量，也提供了驱动和引导思维的力量。学生需要通过思维获取知识，思维能力决定了所获取知识的精度和密度；同时，学生的知识储备越丰富、越扎实，就越能够为思维提供有力的驱动及精确的导向。有时人们会说一个人是"书呆子"，其本质就是知识与思维被割裂，二者没有形成有效的关联和互动。我们应意识到，要提高学生的思维素养，就必须重视学生的知识储备和知识基础。例如，语文课程标准明确规定了要求学生背诵的篇目，这即是让学生打下良好知识基础的举措，事实上，所有学科都应该高度重视学生的知识基础，将知识丰富与思维素养提升真正关联、协同起来。

第二章

思维的目的、分类及过程

如果我们要造一辆车，首先要考虑的问题是：造这辆车的目的是什么？回答此问题就要明确要造的车的功能及种类，如小客车、大客车、大货车、小货车、救护车、警车、道路清洁车等。这个问题为什么重要？因为造车的目的决定了车的结构、组件、材料、工艺以及质检标准。以此作类比，学生思维同样有不同的目的及分类，我们也必须对此予以澄清，才能保证思维素养培养、测评的合理性与有效性。

一、思维的目的

思维是由特定目的驱动的，发现和解决问题是思维的核心目的。面对一个事物、现象或要解决的问题，我们自然会问："这是什么？""它为什么会这样？""怎么办呢？"学生学习的内容绝大部分都是人们面对问题进行思考的结果，这意味着，每个知识点都对应着具体的问题，我们在教学中要将知识问题化，让学生"重演"前人解决问题的过程，在此过程中获取知识并提高思维素养。同时，思维目的实现的程度——即问题解决的状况——是对学生的思维素养进行评价的关键依据,这意味着我们要设置好的问题,根据学生回答问题的状况对其思维素养进行评价。

总的说来,人们要解决的问题分为三类:"是什么""为什么""怎么办"。"是什么"与"为什么"指向解释现象,"怎么办"指向解决问题或达成目标。"是什么"与"为什么"关系极为密切,甚至可以认为二者是一体两面的关系——当我们明确了认知对象"是什么",往往会自然地追问"为什么"。很多情况下正是因为解决了"为什么"的问题而澄清了"是什么",反之,很多时候也正是因为明确了"是什么"才了解"为什么",这即是所谓的"知其然而知其所以然"。例如,金刚石与石墨都是由碳原子构成的,为什么二者的物理性状差异那么大?一旦弄清楚这个问题,就能够澄清金刚石与石墨的原子结构是什么。解决"怎么办"的问题,往往要先明确"是什么"和"为什么",进而对环境与条件因素进行分析,在此基础上可能形成多样化的方案,通过对可行性和"性价比"的评估确定最终的行动方案。总之,回答"是什么""为什么"是解决"怎么办"问题的基础。

(一)解释现象:是什么和为什么

1.是什么

澄清认识对象"是什么",是人类认识自然、社会、自我的基本问题,各学科教学中的诸多知识,就是对这一问题的回答。总的说来,人们从以下六个方面回答认识对象"是什么"的问题,这也是我们促进学生理解认识对象的六个切入点。

● 确认与聚焦:聚焦于认识对象的某些成分,生成"是什么"的问题。

- 成分与要素：说明认识对象的成分，尤其是其中的关键要素。
- 结构与关系：澄清认识对象中各要素的关联及由此形成的结构特征。
- 状态与特征：说明认识对象的表现、特点及其发展变化的模式与规律。
- 关联与背景：呈现对认识对象的发生发展有重要影响的相关因素。
- 功能与意义：判断认识对象对周围世界的影响并明确其意义。

下面通过三个学科的例子说明如何通过对认知对象六个方面的认识，回答其"是什么"的问题。

	物理	语文	历史与社会
	电子的发现	"吾与点也"解读	对小资产阶级的分析
确认与聚焦	发现阴极射线。	孔子与曾皙的互动。	小资产阶级。
成分与要素	带电粒子（电子）。	曾皙的话，孔子的话，孔子的情绪与动作。	自耕农，手工业主，小知识阶层。
结构与关系	汤姆森提出"葡萄干布丁"模型：带负电的电子平均分布在带正电原子中，正、负电荷相互抵消。	子路、冉有、公西华分别回答了孔子的问题，孔子也都做了回应。曾皙最后回答孔子的问题，孔子回应："吾与点也。"	类Ⅰ：有余钱剩米的；类Ⅱ：经济上大体可以自给的；类Ⅲ：生活下降的。

续表

	物理 电子的发现	语文 "吾与点也"解读	历史与社会 对小资产阶级的分析
状态与特征	电子带负电;在磁场和电场中会偏转;可使极轻的小风车旋转;与原子相比,电子质量极小。	孔子表示赞同曾皙的话,同时又喟然叹。	类Ⅰ:发财观念极重,怀疑革命,属右翼;类Ⅱ:想发财而不得,多有怨言,怀疑革命,立场中立;类Ⅲ:生活凄凉,精神痛苦,属左翼。
关联与背景	微观世界中物质的运动规律;量子场论;波粒二象性。卢瑟福提出"行星"模型,玻尔提出电子分层排布模型,薛定谔提出电子云模型。	曾皙浴沂归咏之言与孔子入世济世、复礼求仁的毕生追求与实践不符,孔子却对曾皙之言表示赞同。	为反对两种倾向而作:以陈独秀为代表的只注意同国民党合作而忘记了农民的右倾机会主义;以张国焘为代表的只注意工人运动而不注意团结国民党内的革命力量及同样忘记了农民的"左"倾机会主义。
功能与意义	打破既有认识:物质由不可分割的微小粒子(原子)构成。促使人们进一步探索构成原子的其他微粒。同时加深了人们对微观粒子运动规律的理解。	深刻而生动地表现了孔子的情意:孔子在晚年为时不我遇而悲哀。忽闻曾皙浴沂归咏之言,顿生"道不行,乘桴浮于海"之感。雄心壮志与失望无力、勇敢执着与彷徨犹疑同在。	三类人对革命的态度平时各不相同;但到了革命潮流高涨时,不但左派参加革命,中派亦可参加革命,右派分子受了革命大潮所裹挟,也只得附和着革命。

由此可见,各学科教学内容中都有大量具体的事实、现象,以及抽象的术语、概念,学生需要理解、掌握这些内容,其关键就是通过思维加工明确这些具象和抽象内容"是什么"。学生学习、理

解这些内容的本质都是回答"是什么"这一问题。需要注意的是，回答"是什么"不能让学生死记硬背知识和概念，这会导致惰性思维，获得表面化的惰性知识。这六个回答"是什么"的切入点，是对认知对象的六种思维加工方式，也是认识事物、现象的六个视角，通过这六个视角，学生的思维被多重、多向激活，思维的培养和测评也有了具体的指向和抓手。

2. 为什么

如前所述，"是什么"与"为什么"是一体两面的关系，二者往往相互伴随。只知道"是什么"而不知道"为什么"是"知其然而不知其所以然"的表现，而不明确"为什么"也往往导致对"是什么"的回答不够全面、深刻。上面三个学科的案例，都可以提出"为什么"的问题：

- 为什么阴极射线的成分是电子？
- 为什么阴极射线在磁场中会偏转？
- 为什么电子的发现会促使人们进一步探索构成原子的其他微粒？
- 为什么曾皙的话和孔子的反应是这篇文章的重点？
- 为什么曾皙的人生追求与孔子的人生理想和实践不符，孔子却表示"吾与点也"？
- 为什么"三类人"对革命的态度、立场与其经济状况直接相关，后者是否是前者的决定因素，为什么？

回答"为什么"事实上是阐明"因为……所以……"，而有关"为什么"的追问则是对此因果关系何以成立进行更深入的分析，亦可看作是对"因果机制"的阐释，这是一种极为重要的思维过程，对思维的精确性和深刻性有很高的要求。

"机制"指社会或自然现象的内在组织和运行、变化的规律。它最早源于希腊语，原指机器的构造和工作原理——包括机器由哪些部分组成和为什么由这些部分组成，以及机器怎样工作和为什么要这样工作。对机制的认识是用次级微观层面的因果关系解释特定现象的成因，就像把机器盖打开看看里面有什么零件以及它们是如何关联、如何运行的。

不断追问"为什么"，就是对一层层因果机制的探析，是对"知其然更知其所以然"不断的追求，求知无止境，对因果机制的追求就不会停止。例如，为什么加入乳酸菌的牛奶在适当的条件下会变成酸奶？直接的答案是：因为乳酸菌代谢生成乳酸使牛奶中的蛋白质变性。基于此，可以不断深入探求其中的因果机制：乳酸菌为什么会被激活？它代谢的物质有哪些？乳酸作用于哪种蛋白质并使其发生变性？为什么会发生这样的变性？在分子水平上蛋白质在乳酸菌的作用下发生了怎样的变化，又产生了怎样的化学和物理效应？

总之，"为什么"的问题为思维提供了强大、优质的驱动力，高质量的回答对解释现象极为关键。因此，教师不仅要提出好的"为什么"的问题以激活学生思维，还要引导学生提出有关"为什么"的好问题，优化其提出好问题的意识和能力。

（二）解决问题：怎么办

广义上，"解决问题"的"问题"包括"是什么""为什么"和"怎么办"，狭义上"解决问题"则指解决"怎么办"的问题。心理学家罗伯逊认为问题的显著特征是存在着一个你想达到的目标，而且你还不知道怎样才能达到目标,如下图所示①。

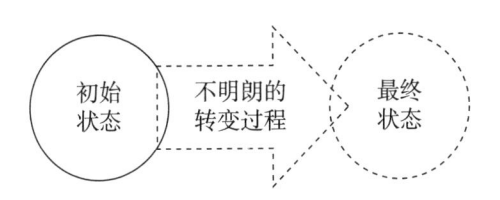

```
初始状态 --不明朗的转变过程--> 最终状态
```

目标是解决"怎么办"问题的关键,是"怎么办"与"是什么"和"为什么"本质的不同。从原理上看,解决"怎么办"的关键是明确事物、现象中的因果关系,"因"和"果"往往对应着解决问题想要的结果和办法。例如,"因为"木头在水中能产生足够大的浮力,"所以"人可以站在上面不沉下去,从而解决了"怎么渡河"的问题。我们会发现,解决"怎么办"问题的基础是能够回答"是什么"和"为什么"的问题,其中的因果关系很清楚,没有罗伯逊所说的"还不知道怎样才能达到目标",那么,什么是"还不知道怎样才能达到目标"呢?仍以渡河为例,一根木头确实可以浮起来并承载一个人,但它在水中会翻滚使人掉下去,抑制翻滚是一个必须解决的问题,如何抑制木头的翻滚呢?对"以木头作浮具渡河"的目标而言,这即是需要解决的"还不知道怎样才能达到目标"的问题。

"怎么办"问题中的"还不知道"有两个指向:第一,解决问题需要依赖若干条件,这些条件是什么、如何具备这些条件有不确定性。上面渡河的例子中,抑制木头的翻滚就是达成目标、解决问题的一个关键条件。第二,解决问题的路径存在不确定性。很多时候达成某个目标、解决某个问题有多种路径,如想要渡河,可

---

① 朱小虎:《基于PISA的学生问题解决能力研究》,上海教育出版社2019年版,第16页。

以乘木头制成的浮具,可以搭建浮桥,还可以牵拉跨河绳索。基于这样的不确定性,解决"怎么办"的问题成为尝试、权衡、选择的过程。面对和解决"怎么办"问题中的不确定性很重要,也是个体思维能力的体现。教师在教学中,要有意识地锻炼学生这方面的思维。在思维素养的测评中,也可以创设具有开放性的问题考查学生发现、面对不确定性的思维能力,我们在第三章的"注重开放性和过程性"中对这一点进行了更深入的分析。

很多时候解决问题是分阶段实现目标的过程,也就是说,要实现目标 A,必须先实现目标 B,要实现目标 B,又必须先实现目标 C。这意味着一个问题可能包含若干子问题,需要学生准确判断解决问题的序列和子问题之间的关系。解决问题有时还是一个不断迭代的过程,举例而言,某品牌轿车从第一代到最新款就是一个典型的迭代过程,其造型变得越来越漂亮、功率越来越大、油耗和故障率越来越低,每一次迭代都意味着解决了新问题,或更好地解决了某个问题。

从思维测评的角度看,测评内容就是一个个学生需要回答、解决的问题,因此,我们要将教学中的知识"问题化",基于相关知识转化为高质量的"是什么""为什么""怎么办"的问题,从而为学生的思维提供有效的驱动和坚实的基础。例如:

- 这是什么?
- 它有哪些特点?
- 它为什么具有这样的性质?
- 它的结构是怎样的?
- 它为什么形成这样的结构?
- 它发挥了怎样的作用?

- 它为什么能发挥这样的作用?
- (要实现××)我们该怎么办?
- 这种方法有什么好处?
- (要实现××)还有其他办法吗?
- 用××方法需要的条件和可能的代价是什么?

学生的思维素养在尝试回答这些问题的过程中逐渐被培养起来,他们的思维水平也通过回答这些问题显现出来。学生在回答和解决问题时,需要调动一个或多个思维过程,它们恰恰是思维素养的主要构成部分,为思维素养的培养、测评奠定了基础。

综上所述,发现和解决"是什么""为什么""怎么办"的问题对思维来说很重要。"是什么""为什么"有着一体两面的紧密关联,二者构成了解决"怎么办"问题的基础。很多时候我们首先面对的是"怎么办"的问题,为了回答此问题人们必须澄清相关的"是什么"和"为什么"的问题。回答这三类问题是思维的目的,也为思维提供动力,这三类问题为思维提供了素材和平台,问题的解决体现了思维的价值,同时也会给学生带来成就感。

二、思维的分类

学生学习的内容包括自然科学、社会科学和艺术三个领域,不同领域的思维内容和思维方式既有共通之处,也存在着差异。我们可以以此为依据对思维进行分类,把握各类思维的特点,提高思维培养和测评的有效性。

(一)自然科学思维

自然又称大自然,包括非生命物质和生命物质,前者包括各种无机物和有机物，后者包括植物、动物、微生物。自然科学的研究对象是自然之物及相关现象的形态、结构、性质、发展变化规律。学生学习的所谓理科包括物理、化学、地理、生物是典型的自然科学，自然科学思维最显著的特点就是实证性与严密性。

1. 实证性

"实证"，其字面意思即事实和证据。维基百科对"实证研究"的解释是："实证研究即用实证证据进行研究。它是通过直接的或间接的观察或经历获得知识的方法。实证证据可以进行定量或定性分析。"从思维的角度看，能够实证化地进行思考是一种重要的思维素质，自然科学的学习是培养学生实证化思维的重要契机。

"实证"一词源于拉丁文"positivus"，意为"肯定、明确、确定"。美国社会学家汉森指出："实证研究致力于探寻确凿无疑的知识，所提出的是关于研究对象'是什么、曾经是什么、可能是什么、有望是什么'的陈述。"孔特（Auguste Comte，1798-1857）是实证主义哲学创始人，他在1844年写了一篇论文——《论实证精神》，总结了实证的5个特征：一是真实，与虚幻相反；二是有用，为的是不断改善现实境况；三是确认，促成人们在认识上达成一致，结束无尽的争论；四是精确，获得对事物、现象描述所要求的精确度；五是构建，它的使命是组织而非破坏。[①]

自然科学思维通过两方面保证对世界认识的实证性。

第一，观察与收集信息。面对自然界的种种事物与现象，由好

[①] 有关"实证"的内涵及实证研究的历史，参见袁振国：《实证研究是教育学走向科学的必要途径》，《华东师范大学学报（教育科学版）》2017年第3期。[美]罗伯特·斯莱文：《证据驱动的教育改革如何推动教育发展》，张志强、庄腾腾译，《华东师范大学学报（教育科学版）》2021年第3期。

奇心或需要解决的问题驱使，人们必然会关注与事物有关的各种现象——如日月轮转、天气天象、地形地貌、动植物生长、物体运动、物质变化等——并对其进行思维加工，包括归纳、概括、类比、假设、模式化……，据此对事物、现象形成深刻的认识。这意味着，观察收集到的信息有多丰富、多精细，人们对事物的认识就会有多真确、多深刻。随着科技的发展，人们观察和收集信息的手段越来越丰富，发明和利用了大量精密的观察和测量仪器，从而获得了仅通过感官不可能获得的信息。

第二，科学实验。当人们不满足在自然条件下观察事物，就会对被研究对象进行主动干预，这是科学实验产生的基础。科学实验是指根据一定目的，运用仪器设备，在人工控制的条件下观察、研究自然现象及其规律性的实践形式。科学实验是获取实证信息、检验科学假说真确性的重要途径，大大提高了获取实证信息的效能和丰富性。

通过实证信息形成认识和判断是自然科学思维的关键，这意味着实证信息的质量很重要。评价实证信息质量有两个关键指标——信度和效度。信度指实证信息的一致性、稳定性；效度指实证信息说明事物特征、本质、变化规律的有效性。实证信息的效度高，其信度必然高，而其信度高，效度不一定高。例如，用一台秤称同一个物品，每次读数都不一样，这意味着它存在明显的随机误差，即误差的大小和方向都不确定，是随机的。因此，这台秤提供的称重数据不稳定、信度很低——不确定哪一次称重数据是可信的。同时，该数据的效度也很低，因为不可信的称重数据其有效性必然很差。如果这台秤多次称某个物品，读数都相同或极为接近，说明其提供的信息一致性、稳定性好，这样的信息信度高，但其效度不一定高。因为如果这台秤存在"系统性误差",即与标准秤相比,它的称重读数总是多于或少于某个固定的重量,这样的话,无论其读数多稳定,都无法正确反映物品的真实重量,其称重信息的效度是很差的。

实证化思维有一个显著的特点:由思维获得的知识既可证实也可证伪,即在若干条件具备或被控制的情况下,实证信息可以被证明确实存在或确实不存在。可被证实或证伪的确定性越高,信息的实证性、科学性越强。例如,小王因患病服 A 药 5 天,自觉无效,转而服 B 药 2 天后痊愈,他宣称 A 药无效,B 药有效。小王基于自身感受得到的结论其可证实及可证伪性很差,因为 A 药可能已经起效,只不过没有被小王明确感觉到——感觉的主观性强,难以作为药物有效的证据。此外,如果小王患的是依靠自身免疫力可痊愈的自限性疾病,即使不吃药过几天也能好,他对 A 药和 B 药药效的评价就更不足取了。在医疗领域要做到药效的既可证实也可证伪,最重要的方法就是"随机大样本双盲试验",即将患者随机分为两组,实验组服用药品,对照组服用安慰剂,研究执行者和患者都不知道他们被分在哪一组,也不知道他们服用的是药物还是安慰剂,这样可以消除心理因素对实验的影响,即患者知道自己服用了新药而产生积极的心理期待,这有可能影响疾病的治疗。实验结束时,通过客观的数据、指标,对比实验组和对照组的状况,在此基础上评估新药的疗效。

2.严密性

基于几千年来对自然的认识,人们积累了大量的自然科学知识,这些知识不是随机、散乱地堆在一起,而是以层级、递进的方式被关联起来。每个知识像一个齿轮,它们啮合起来形成一个功能性、结构化的"知识齿轮箱"。这些知识都有齿和齿槽,因此能够互相关联,新知识如果想要被整合进这个"功能体",就要与其他知识"啮合"起来。在这个意义上,自然科学知识系统中的所有知识都存在着或远或近、这样或那样的关联,而且所有知识都是"标准化"的,它们必须符合一定的标准才能被纳入某个知识系统中,这要求知识生成过程及知识之间的关联具有高度的严密性。

举例而言,人们能够通过观察经验性地认识到,一个物体的质量越大,想要让它由静止到动起来或由运动到停下来需要的力就会越大。牛顿对这个经验进行了抽象,在其巨著《自然哲学的数学原理》里提出"惯性"这一概念:"惯性,是物质固有的属性,是一种抵抗的现象,它存在于每一物体当中,大小与该物体的质量成正比,并尽量使其保持现有的状态,不论是静止状态,或是匀速直线运动状态。"基于这样的抽象,人们对事物和现象认识的精确度大大提高,从而形成了科学认识。可以看到,牛顿定义"惯性"的这段话中,使用了一系列的抽象概念,包括"物质""属性""抵抗""保持""匀速直线运动""质量""正比",这些概念被恰当地关联起来而形成一个严密的定义,新知识"惯性"与它们形成严密的啮合,它因此得以进入物理学科的"知识齿轮箱"中。

我们要引导学生理解科学概念是如何定义或推导出来的,由此明确感受自然科学思维的严密性,即每一个学科知识都有清晰的、毫不含糊的来龙去脉。事实上,自然科学中的所有概念都存在着严密的关联,所有概念都是基于已有概念进行定义或推导的,让学生理解这些定义和推导过程非常重要,它体现了概念为何、如何产生,以及概念之间有着怎样的关联。基于此,学生才能真正认识概念的意义及其内涵,就像我们要想真正了解一个人,就要了解他的家庭背景、成长环境、各层面社会关系、求学和工作经历、关键人生事件，等等。

自然科学中的概念基于严格的定义和推理而具有严密性的特征，其内涵和外延都被清楚地、没有歧义地进行界定，随着人们对自然事物、现象认识的深入，某个科学概念还有可能被修正完善以求更精准、更严密。因此，我们要在自然科学领域的教学中关注思维的严密性，以此作为提升学生思维素养的重要手段，并且在思维素养的测评中将思维的严密性作为重要的考查内容。

（二）社会科学思维

社会与自然是相对的，如果说自然主要是自在、客观之物，社会则是人类基于生存与发展实践创造的产物，这样的产物具有文化意味，成为学生学习的社会科学——包括道德与法制、思想品德、思想政治、历史、体育与健康等——的主要内容。社会是人的社会，而人的本质是一切社会关系的总和，如果说自然科学关注的是自然界，社会科学则关注的是社会及社会属性的人。

人不可避免地被置入诸多社会关系中，包括医疗与福利、婚姻与家庭、学习与发展、劳动与经济、法律与规则、娱乐与审美、民族与国家、阶级与阶层，等等，由此形成了社会科学领域中的道德、伦理、经济、教育、法律、历史、政治、阶级等议题，这些议题也成为社会科学思维的对象和素材。

1. 以科学性为内核

社会科学思维与自然科学思维有差异，但二者本质上是相同的，都追求思维的科学性，突出表现在以清晰的概念和缜密的逻辑为基础。①下面我们来看一个例子,《普通高中教科书·思想政治·必修1》中"社会主义从空想到科学、从理论到实践的发展"的部分内容。首先,教材总体说明了什么是空想社会主义:

空想社会主义之所以是空想,就在于空想社会主义者仅从理性、正义等原则出发,揭露资本主义的弊端,设计未来社会的美好蓝图。他们主张阶级调和,反对阶级斗争,看不到广大人民群众特别是无产阶级的力量,没有找到消灭资本主义社会和建立新社会的强大力量,也没有找到进行社会变革的正确途径。

教材介绍了圣西门、傅立叶、欧文反抗资本主义并试图建立更好的社会制度的努力,基于此提出问题:"为什么圣西门、傅立叶、欧文建设美好社会的努力都以失败告终?"教材呈现了马克思、恩格斯创立科学社会主义的实践,并让学生思考:"马克思、恩格斯为什么能够创立科学社会主义?"对此教材给出的回答是:

马克思、恩格斯通过研究社会历史,批判地吸收了德国古典哲学的合理成分,彻底摆脱了唯心主义思想的影响,创立了唯物史观。唯物史观揭示了人类社会发展的一般规律,揭示了人民群众的历史主体作用,揭示了阶级斗争在阶级社会发展中的巨大作用,把人们对美好社会的追求建立在科学认识社会发展客观规律的基础上。

教材引用列宁的话:"马克思主义这一革命无产阶级的思想体系赢得了世界历史性的意义,是因为它并没有抛弃资产阶级时代最宝贵的成就,相反却吸收和改造了两千多年来人类思想和文化发

---

① 参见欧阳康主编:《人文社会科学哲学》,武汉大学出版社2001年版。

展中一切有价值的东西。"尝试建立一个"思想体系",说明科学社会主义这套理论是完整、系统、富有逻辑的,是"科学思维"的结果。教材进而指出科学社会主义理论中的一个关键——剩余价值学说:

马克思通过剖析资本主义社会,批判继承了英国古典政治经济学的思想成果,创立了剩余价值学说,揭示了资本主义运行的特殊规律。剩余价值学说从经济学角度揭示了剩余价值的来源,揭示了资本家剥削工人、占有工人剩余劳动的秘密,揭示了无产阶级与资产阶级利益的根本对立,找到了变革资本主义社会的坚定力量,为无产阶级的斗争指明了方向。

1883年3月,恩格斯在马克思墓前发表讲话并指出,马克思在他所研究的每一个领域都有独到的发现,其中他作出的两大发现具有重大意义:一是像达尔文发现有机界的发展规律一样,马克思发现了人类历史的发展规律,即唯物史观;二是马克思还发现了现代资本主义生产方式和它所产生的资产阶级社会的特殊的运动规律,即剩余价值学说。唯物史观和剩余价值学说奠定了科学社会主义的理论基石,使社会主义实现了"由空想到科学"的伟大飞跃。值得注意的是,上述社会主义理论前有一个定语——"科学",这也是该理论与"空想社会主义"的根本区别。教材指出:

1848年2月,《共产党宣言》发表,标志着科学社会主义的诞生。《共产党宣言》分析了资本主义生产方式的内在矛盾与人类社会的发展规律,科学论证了资本主义必然灭亡和社会主义必然胜利的历史必然性。

这段话强调，科学社会主义是"科学论证"的结果，基于科学的论证，该理论发现了社会的发展规律——资本主义"必然"灭亡，社会主义"必然"胜利，这种必然性正是建立在科学思维的基础上，其关键是发现事物、现象中的主要矛盾，对事物的内涵和本质进行准确判断，进而发现事物之间的关联及因果关系。

从这个例子我们可以看到，社会科学思维同样面对"是什么""为什么""怎么办"三类基本问题，如什么是科学的社会主义？资本主义为什么必然灭亡？要建立科学的社会主义制度该怎么办？社会科学之所以有"科学"之谓，根本原因在于其思维内核仍然是科学和理性，即以抽象概念为主要思维对象和思维素材，注重表述和论证的严密性。

当然，社会科学思维与自然科学思维也存在差异，主要表现在二者的认知对象不同，社会科学思维面对的是人类"创造"的社会和文化，这使其表现出两个特点：一是有立场与价值观的介入，二是对其产生影响的因素非常复杂。这是我们在进行思维素养培养和测评时需要注意的。

2. 立场与价值观的介入

爱因斯坦说："对于科学家，只有'存在'而没有什么愿望，没有什么价值，没有善，没有恶，也没有什么目标。"[1]这句话说明了自然科学思维的特点——纯粹的客观、理性。事实上，爱因斯坦此说也揭示了社会科学思维的特点，他所说的那些"没有"恰恰是社会科学思维所具有的，包括愿望、价值、善恶、目标，即社会科学思维有立场与价值观的介入。人与动物最大的区别在于，动物被

---

[1] 许良英等编译：《爱因斯坦文集（第3卷）》，商务印书馆1979年版，第280页。

动地适应外部世界，而人有理想、有愿望、有善恶之分，并据此主动创造一个越来越美好的社会。上述对科学社会主义的思考即体现了特定的立场与价值观——追求建立一个更美好的社会。

以中国第八次课程改革中著名的"钟王之争"为例，我们来看社会科学思维中立场与价值观的介入。"钟""王"分别指华东师范大学的钟启泉和北京师范大学的王策三，他们争论的焦点是"知识在教学中的价值及知识习得的方式"。

王策三在《北京大学教育评论》（2004年第3期）发表《认真对待"轻视知识"的教育思潮——再评由"应试教育"向素质教育转轨提法的讨论》，认为钟启泉等人撰写的《为了中华民族的复兴，为了每位学生的发展——〈基础教育课程改革纲要［试行］解读〉》强调了要重视"基础学力"，重视"知识"，可是其课程改革的主张却要知识降位、要从知识教育"转轨"。王策三针对钟启泉的观点提出三方面的批评。第一，理念上：坚决摒弃由"应试教育"向素质教育转轨的提法。素质教育内涵不清，没有教育不是为了提高学生素质，坚持"德智体美劳全面发展的教育"更好。推行所谓的素质教育，将几十年来的教育概括为"应试教育"并作为对立面予以批判不妥当，甚至"为考试而教与学"也不能笼统说是弊端。第二，策略上：教学中应"注重知识传授"，根本、永远不存在"过于"的问题。课程史上出现过的学生中心、社会中心、学科中心……基本上都是以失败而告终。第三，操作上：不顾国情和现实，不讲历史和继承，重起炉灶，另来一套；把现行教育的缺点推向极端——"书本中心""教师中心""课堂中心"；也把改革主张推向极端，实行"直接经验中心""儿童中心""活动中心"。

钟启泉在《全球教育展望》（2004年第10期）发表《发霉的奶酪——〈认真对待"轻视知识"的教育思潮〉读后感》。他指出，"应试教育"是当前教育弊端的关键表现，是"精英教育"的表现和产物，与"大众教育"的追求不符，必须旗帜鲜明地反对之。他认为王策三的观点是"凯洛夫教育学"教育思想的表现，其所谓的"知识"指的是静态知识、间接知识，忽视了学生基于直接经验获得的知识。他澄清"改变过于注重知识传授的现象"不是轻视知识，其含义有二：第一，除了传授现成知识，注重加强学生对其他知识的掌握；第二，除了传授知识，注重利用更多方式，特别是引导学生进行知识建构的方式进行知识教育。只立而不破不是改革，真正意义上的改革需要大破和大立，"重起炉灶"往往不可避免。同时，过分强调客观因素，忽略或淡化主观因素，一味抱怨现实距理想太遥远，只会使新课程的推进举步维艰。

毋庸置疑，这样的争鸣是基于理性和逻辑的，体现了对科学性的追求。同时，这样的思维发生于社会学属性的教育领域，争鸣中出现了很多价值判断，如"没有教育不是为了提高学生素质"，"根本、永远不存在'过于注重知识传授'的问题"，"'应试教育'是'精英教育'的表现和产物"，"'重起炉灶'往往不可避免"，等等。二人的很多价值观是针锋相对的，显示了不同乃至截然相反的立场。

这样的审思显示，人文社会科学思维必然会涉及立场与价值观，同时，立场与价值观的表达也需要理性和逻辑的规制。

3. 复杂系统的影响

社会是一个非常复杂的系统，这意味着社会科学思维必须应对复杂性的挑战。《辞海》对"复杂"的解释是:"在系统论中同'简单'相对,指事物或系统的多因素性、多层次性、多变性以及相互作用所形成的整体行为和演化。一般认为,非线性、不确定性、不稳定性等是复杂性的根源。"

20世纪80年代末,钱学森指出系统的一个很重要的特点就是它的复杂性,包括子系统的数量和种类的复杂性,子系统之间关系的复杂性,以及系统层次结构的复杂性。钱学森将系统分为简单系统、简单巨系统、复杂巨系统和特殊复杂巨系统,其中社会系统是最复杂的巨系统,又称为开放的特殊复杂巨系统。[1]

成思危把系统复杂性的主要表现归结为以下五个方面:一是系统各单元之间的联系广泛而紧密,构成一个网络,每一单元的变化都会受到其他单元变化的影响,也会引起其他单元的变化。二是系统具有多层次、多功能的结构,每一层次均成为构筑其上一层次的单元,同时也有助于系统的某一功能的实现。三是系统在发展过程中能够不断地学习并对其层次结构与功能结构进行重组及完善。四是系统是开放的,它与环境有密切的联系,能与环境相互作用,并能不断向更好地适应环境的方向发展变化。五是系统是动态的,它不断处于发展变化之中,而且系统本身对未来的发展变化有一定的方向,可预测,不是随机的。[2]

这些对社会系统复杂性的认识提醒我们,要想认识社会、理解社会,必须在思维上做好应对其复杂性挑战的准备。人们曾认为社会系统与自然系统没有什么区别,对其进行研究时借鉴了自然科学

---

[1] 钱学森等:《一个科学新领域:开放的复杂巨系统及其方法论》,《自然杂志》1990年第1期。
[2] 成思危:《复杂科学与管理》,《中国科学院院刊》1999年第3期。

的方法,尤其是基于实证主义的方法,因此也被称为自然主义的社会科学。例如,《不列颠百科全书》指出:"社会结构和组织这个词是个比喻,把人类社会关系和条件比做机器、建筑物和生物机体,是社会科学家从物理学和解剖学借用的。"[1]但事实上,社会系统的复杂性使其与自然系统存在本质的差异,套用自然科学的方法对社会进行认识和理解是行不通的。对此有研究者指出,"复杂性的阴影一直笼罩着社会科学研究"[2]。

社会科学从来都是把自己的对象视为单一层次的事物。对它的认识或者借助于传统的自然科学的方法,或者借助于非自然科学的文化学和哲学的方法。同传统的自然科学一样,社会科学也一直把追求逻辑的简单性作为成功理论的标志。社会科学工作者往往将"复杂"的烦恼归因于手段的缺乏。同传统的自然科学家一样,社会科学家也忽视了一个重要的事实:人类所拥有的科学学科是按世界物质的层次及其运动形式划分的;人类所获得的知识是属于世界不同层次的知识。所以,他们不能理解,为什么对自然科学、文化和哲学对象有效的那些方法,比如,归纳、统计、分析、还原、约化、抽象等,在用到社会现象研究的时候,差不多可以肯定地说,都造成片面性、不确定性、不可预见性和理论与实际的巨大差异。

总的说来,自然科学认识事物追求简明、稳定、确定,以实验室实验为典型代表,在对各种抽象概念进行明确界定的基础上,明确各变量的存在并对其严格控制,事物和现象的表现、本质、因果

---

[1] 《简明不列颠百科全书(中译本)》,中国大百科全书出版社1986年版,第120页。
[2] 王志康:《社会系统复杂性与社会研究方法》,广东人民出版社2017年版,序言。

关系、发展变化规律被明确地分析和表征。但是，如果社会科学套用自然科学思维方法，就会陷入机械论、还原论、形而上学的窠臼。例如，人的心理活动和社会性行为是有生理基础的，但是，运用还原论的方法，基于细胞的生化过程来解释人的心理和行为必然会误入歧途。

不能套用自然科学的方法，社会科学思维的科学性又如何体现？如前所述，社会科学思维同样指向回答"是什么""为什么""怎么办"等问题，仍然寻求对人文社会现象的本质、因果关系、发展变化规律形成认识。因此，社会科学思维与自然科学思维同样具有理性的内核，只是由于社会科学系统的复杂性，这种理性认识呈现两个明显的不同于自然科学的特点：一是具有不确定性和模糊性；二是呈现概率型因果关系。造成这两个特点的根本原因不仅在于社会科学系统中的要素及其所属层次太多，更在于很多因素不可知、不可测、不可控，这使得我们只能大体判断和把握因果关系及事物的发展进程。

就像我们前面看到的例子，抽烟和罹患呼吸系统疾病当然有因果关系，但此因果关系建立在大样本研究的基础上，我们总会发现"例外"的个案，即呼吸系统没有明显问题且长寿的老烟民。但这并不能否定吸烟与患病之间的因果关系，因为影响此因果关系的因素极多，而且这些因素之间还有交互作用，更重要的，还有很多未知的因素对此因果关系存在影响。事实上，基于大样本研究能够澄清吸烟与罹患呼吸系统疾病的关系，恰恰在于以足够数量的个体做研究对象，能够在相当程度上"抵消"无关变量的影响。但显然，这些变量的影响不可能被完全抵消，基于这样的研究得到的对因果关系的判断只能是概率型的。因此，对吸烟与罹患呼吸系统疾病的关系，准确的说法应当是：吸烟会显著提高个体罹患呼吸系统疾病的概率。

回顾学生学习的诸多内容，很多时候我们似乎可以对复杂的历史事件、社会现象进行明确的分析包括因果判断，这是否说明人们克服了社科复杂系统认知的模糊性和不确定性？事实上，这往往是一种事后认知，即事件发生后，根据结果推论事件发生发展的过程及其中的因果关系。有趣的是，对复杂系统而言，即使我们"自以为"设置了同样的初始条件，也往往不可能再现同样的结果，就像我们在手工制作陶瓷时，将一批看似同样的泥坯置入窑炉，调整同样的温度和烧制时间，出来的瓷杯的色彩个个不同。如果我们看到某个杯子特别满意，取同样的材料，按照同样的手法和过程制坯、烧制，也不可能复制出一模一样的另一个杯子。为什么会这样？根本原因仍然在于事物发生发展过程中很多因素是不可知、不可测、不可控的，我们并不能全部了解事物发生发展的过程中发生了什么。

在现实生活中，A 校教改实验取得了成功，B 校"原样复制"很可能就无法取得同样的效果，根本原因就是 A 校的基础条件、教改的做法、资源等影响因素极复杂，其中很多变量不可知、不可控，很多影响因素有可能 A 校自己都未意识到，B 校知悉这些变量并完全复制、控制就更不可能了。

为了应对复杂性的挑战，人们已发展出包括混沌理论在内的学科群，包括老三论（系统论、信息论、控制论）、新三论（突变论、耗散结构论、协同论）、人工智能、非线性动力学、分形数学、计算的复杂性研究、超循环、自组织、复杂适应系统等。这些学科中的方法论及具体的思维方法都可以应用于社科领域。

以混沌理论为例，混沌指系统因对初始变量极为敏感而表现出显著的、不可预测的、类随机的响应。[1]法国数学家庞加莱1908年在《科学与方法》一书中指出[2]：

一个被我们忽视的渺小的因，产生了一个让人无法忽视的果，然后我们声称这样的结果是随机的。如果我们准确地知晓宇宙的自然规律和初始条件，我们就能准确地预测它未来的状态。事实是，即使我们勘破所有自然规律，也不可能"准确无误地"知道初始条件。如果只要用"近似的"初始条件，便可以准确地预测一个系统未来的状态，除此之外不需要其他输入，那么我们就可以说这个系统的状态是可预测的，是受自然规律支配的。但是现实并不总是如此，初始条件的微小差异，很可能对最终的状态产生巨大的影响。差之毫厘，谬以千里。在这种情况下，未来的发展是不可预测的。

"差之毫厘，谬以千里"，初始条件的微小变化可能造成结果的重大差异。落基山脉是北美大陆重要的分界线，落在该分界线以东的雨水最终流入墨西哥湾或大西洋，落在该分界线以西的雨水最终流入太平洋。一片云中有两颗雨滴同时坠落，在大陆分水岭的着陆点相距不到1厘米，但是一个最终流向大西洋，另一个流向数千英里外的太平洋。

1963年，美国气象学家洛仑兹在《大气科学》发表了论文

---

[1] 参见牛玉军等：《混沌系统控制及其在信息安全中的应用》，北京理工大学出版社2021年版。［英］伊恩·斯图尔特：《上帝掷骰子吗：混沌之新数学》，潘涛译，上海交通大学出版社2022年版。
[2] ［英］约翰·格里宾：《奇观：月球之谜、宇宙之始及生命的起点》，张玫瑰译，北京联合出版公司2022年版，第97页。

《决定性的非周期流》,用数学方法揭示了混沌运动的存在,发现初始值的微小变化会导致系统演变至差异极为显著的结果。1972年,洛伦兹在华盛顿特区的一次会议上提出:"一只蝴蝶欲在巴西扇动翅膀,会在得克萨斯州引起龙卷风吗?"[①]可以想见,混沌同样存在于社科系统中,这既是系统复杂性的表现,也是社科系统之所以复杂的重要原因。

综上所述,我们应重视社会科学思维的模糊性、不确定性,警惕思维的简单化、机械化,避免让学生简单接受"言之凿凿""信誓旦旦""明确无误"的结论,但同时也应注意避免因混沌和不确定性而走向不可知论和虚无主义。例如,混沌中同样有规律存在,透过纷繁的现象仍然可以窥见其本质,混沌系统中的周期点稠密性表明系统的状态及其发展变化有确定性和规律性,绝非混乱一片,形似混乱而实则有序。[②]此外,上述包括混沌理论在内的学科群也显示,人们可以对复杂系统中的规律和本质形成理性认识。因此,不能因为复杂性的存在而降低对社会科学思维严谨性的要求,相反,社会科学思维更要追求全面、缜密,更要注重辩证法在思维中的运用。

(三)艺术思维

学生的艺术思维主要指向对文艺作品的理解与审美,如赏析文学、美术、绘画作品;同时,学生也会进行艺术创作,如写作、歌

---

① [英]约翰·格里宾:《奇观:月球之谜、宇宙之始及生命的起点》,张玫瑰译,北京联合出版公司2022年版,第104-105页。
② "周期点稠密性"是一个数学概念,其内涵及意义参见牛玉军等:《混沌系统控制及其在信息安全中的应用》,北京理工大学出版社2021年版,第4页。

唱、绘画，这个过程中也需要艺术思维。下面我们来看一个典型的艺术思维——朱光潜在《咬文嚼字》中写道[1]：

> 郭沫若先生的剧本《屈原》里婵娟骂宋玉说："你是没有骨气的文人！"上演时他自己在台下听，嫌这话不够味，想在"没有骨气的"前面加"无耻的"三个字。一位演员提醒他把"是"改为"这"，"你这没有骨气的文人！"就够味了。他觉得"这"字改得很恰当，他研究这两种语法的强弱不同，以为"你是什么"只是单纯的叙述语，"你这什么"便是坚决的判断，而且附带语省略去了。

此例显示，艺术的核心虽然是表达情感，但理性思维仍不可或缺，即艺术思维同样要讲求逻辑。正如朱光潜所指出的："咬文嚼字，在表面上只是斟酌文字的分量，在实际上就是调整思想和情感。从来没有一句话换一个说法而意味仍完全不变。""调整思想"即为基于逻辑的理性思考，从这个角度看，艺术形象的塑造与科学家的发明创造没有本质区别。

类似的例子还有很多，韩愈替贾岛定"僧推月下门"为"僧敲月下门"，郑谷改齐己《早梅》诗"前村风雪里，昨夜数枝开"中的"数"为"一"，李泰伯改范仲淹《严先生祠堂记》"云山苍苍，江水泱泱，先生之德，山高水长"中的"德"为"风"，这些都显示了文学创作者强大的思考力。朱光潜说[2]：

> 最精妙的意象不一定是最初来到的。……真正艺术家却要鞭辟入里，要投到深渊里去披泥探珠，所以他们所得到的意象精妙

---

[1] 《朱光潜全集（第四卷）》，上海文艺出版社1982年版，第214页。
[2] 《朱光潜全集（第一卷）》，上海文艺出版社1982年版，第416页。

深刻,不落俗套。他们使用媒介来传达意象也是一样谨慎。每一种话都有几种说法,但是只有一种说法是精确的。一般人得其近似便已心满意足,艺术家却不惜苦心思索,寻得一个字稍嫌未妥,便丢开再寻,再寻得一个字仍有未妥,则又丢开再寻,一直寻到最精确的字才肯放手。造句布局也是如此。这种功夫就是从前诗人所谓"锻炼"。

文学创作中的"炼字炼句"就是"思维的锻炼",而这种锻炼是由逻辑思维驱动的。我们可以看到,"炼字炼句"使得文学形象明显得到了优化,使得文学形象更可信、更感人、更合理、更有说服力,这与科学思维中的论证不是很像吗?

我们在进行艺术欣赏时,必然会分析该形象"是什么","为什么"会这样,以及艺术家是"如何"创造它的——这实质上是"怎么办"的问题。我们来看老舍自述他如何创作《骆驼祥子》[1]:

记得是在一九三六年春天吧,"山大"的一位朋友跟我闲谈,随便地谈到他在北平时曾用过一个车夫。这个车夫自己买了车,又卖掉,如此三起三落,到末了还是受穷。听了这几句简单的叙述,我当时就说:"这颇可以写一篇小说。"紧跟着,朋友又说:"有一个车夫被军队抓了去,哪知道,转祸为福,他乘着军队移动之际,偷偷地牵回三匹骆驼回来。"……从春到夏,我心里老在盘算,怎样把那一点简单的故事扩大,成为一篇十多万字的小说。

怎么写祥子呢?我先细想车夫有多少种,好给他一个确定的地位。把他的地位确定了,我便可以把其余的各种车夫顺手儿叙述

---

[1] 张桂兴编:《老舍文艺论集》,山东大学出版社1999年版,第286—290页。

出来；以他为主，以他们为宾，既有中心人物，又有他的社会环境，他就可以活起来了。换言之，我的眼一时一刻也不离开祥子；写别的人正可以烘托他。车夫们而外，我又去想，祥子应该租赁哪一车主的车，和拉过什么样的人。这样，我便把他的车夫社会扩大了，而把比他地位高的人也能介绍进来。可是，这些比他高的人物，也还是因祥子而存在故事里，我决定不许任何人夺去祥子的主角地位。

有了人，事情是不难想到的。人既以祥子为主，事情当然也以拉车为主。只要我教一切的人都和车发生关系，我便能把祥子拴住，像把小羊拴在草地上的柳树下那样。可是，人与人，事与事，虽以车为联系，我还感觉着不易写出车夫的全部生活来。于是，我还再去想：刮风天，车夫怎样？下雨天，车夫怎样？假若我能把这些细琐的遭遇写出来，我的主角便必定能成为一个最真确的人，不但吃的苦，喝的苦，连一阵风一场雨，也给他的神经以无情的苦刑。

由这里，我又想到，一个车夫也应当和别人一样地有那些吃喝而外的问题。他也必定有志愿，有性欲，有家庭和儿女。对这些问题，他怎样解决呢？他是否能解决呢？这样一想，我所听来的简单的故事便马上变成了一个社会那么大。我所要观察的不仅是车夫的一点点的浮现在衣冠上的、表现在言语与姿态上的那些小事情了，而是要由车夫的内心状态观察到地狱究竟是什么样子。车夫的外表上的一切，都必有生活与生命上的根据。我必须找至这个根源，才能写出个劳苦社会。

"祥子"这个文学形象能"立住"，需要老舍合理构造其样貌、体格、动作、性格、职业、人际关系、生活环境等，由此我们可以看到一个作家必须有强大的思维能力，当然，与科学家的思维对象以抽象概念为主不同，艺术家的思维对象、思维素材以具体形象为主。有些学生理科成绩不好，父母和老师会让其选择他们认为较容易的文科，或是参加音乐、绘画、书法、舞蹈等特长班，以期得到高考时的加分。这样的选择基于一个假设：学生做不出数学题、物理题、化学题，那么跳跳舞、唱唱歌、搞搞书法和绘画总是可以的。通过上面的分析，我们会发现这是一个认识误区，文科学习绝对不是认真"背一背"，艺术学习也绝不是随便"搞一搞"，无论文科、理科还是艺术学科，要想学好都需要高水平的思维能力。

（四）数学与哲学思维

数学、哲学，与前述的自然科学、社会科学、艺术密切关联，同时它们又有各自的特殊性和相对独立性。总体而言，自然科学、社会科学、艺术等领域的思维指向具体的、经验的、现实的内容，而数学思维显现出抽象之抽象、极度形式化、追求逻辑绝对严密的特征，哲学思维则探求世界的本源与终极真相和本质，可以看作是人们对认识的认识。基于此，数学与哲学思维具有超越性，同时又对其他学科在思维方法上有指导意义。

1. 数学思维

高中数学教材的选修内容包括：统计与概率、空间向量与代数、微积分、数学模型、应用统计、社会调查与数据分析、美术中的数学、音乐中的数学、体育运动中的数学。从这些内容我们可以看到，数学渗透到自然和社会生活的方方面面，它聚焦、提取认识对象中的数学特征，发现这些特征之间的关系，藉此对世界进行表征、计量、推测及预测。教师可参阅这些教材，了解其中多种多样的数学方法并关注其背后的数学思维，进而有意识地引导学生运用数学思维解决各学科中的问题。

表征、计量、预测是数学的三个基本功能，也是数学思维的三种基本形式。我们来看一个例子，《普通高中教科书·生物学·选择性必修2》在"种群密度及其调查方法"中介绍了"标记重捕法"：

许多动物的活动能力强，活动范围大，不宜用抽样方法来调查它们的种群密度。常用的方法之一是标记重捕法。这种方法是在被调查种群的活动范围内，捕获一部分个体，做上标记后再放回原来的环境，经过一段时间后进行重捕，根据重捕到的动物中标记个体数占总个体数的比例，来估算种群密度。例如，在对某种鼠的调查中，调查范围为 $1hm^2$，第一次捕获并标记39只鼠，第二次捕获34只鼠，其中有标记鼠15只，这样就可以估算出这种鼠的种群密度为 $39\times34\div15=88.4$ 只$/hm^2$。

"标记重捕法"的内核就是一种数学方法，基于此方法，我们可以实现对生物种群密度的表征和计量。表征、计量、预测的实现以抽象为基础，而数学的抽象高度形式化，尤其强调抽象的可靠、没有歧义，而这有赖于数学思维严密的逻辑。因此，抽象之抽象、严密的逻辑是数学思维鲜明而独特的两个特征。

（1）抽象之抽象。我们在第一章分析了"思维的核心——抽象"，学生学习的大部分内容都是抽象的，而且随着学习的深入，抽象程度会越来越高。和其他学科相比，数学知识更为抽象甚至极端抽象，抽象是数学的核心思维形态，《普通高中数学课程标准

（2017年版）》将"数学抽象"置于六大核心素养之首，高度强调了它的重要性。

我们来看数学家华罗庚等人提出的一个问题："一个水龙头及 n 个容量不等的水桶，依怎样的次序接水，才能使总的等待时间最短？"[①]

解题：设灌满第一桶水至第 n 桶水分别需时间 a_1，a_2，…，a_n。注满第一桶水要等的时间是 a_1，注满第二桶水要等的时间是 a_1+a_2，第三桶要等 $a_1+a_2+a_3$，等等。总的等待时间是 $T=a_1+(a_1+a_2)+\cdots+(a_1+a_2+\cdots+a_n)=na_1+(n-1)a_2+\cdots+a_n$。当序贯 a 按升序排列时最小，即 $a_1\leq a_2\leq\cdots\leq a_n$，也就是容量小的先灌，总的等待时间最短。

这即是一个典型的数学抽象。日常生活中与此问题类似的场景数不胜数，如在银行排队办业务、在超市排队缴费、不同的半成品在同一条生产线等待被加工，等等，其中都有如何排序以使总体等待时间最短的问题。数学家通过抽象生成概念并用多样化的符号对其进行表征，进而基于严密的逻辑将这些概念关联起来。上面有关等待时间的公式即是若干概念及其关系的表达，它事实上也构成了一个论证，即根据某些前提而得到特定的结论。

培根在《新工具》中说："熟悉形式的人能够在极不相同的实体中把握性质的统一性，因此能够发现从来没有发现过的东西，也能够发现从来没有想过的东西。所以，正是由于形式，我们可以在思想上得到真理并且在行动上得到自由。"[②] 数学抽象的结果就是培

---

① 华罗庚、王元：《数学模型选谈》，王克译，湖南教育出版社1991年版，第14页。
② 培根：《新工具》，许宝骙译，商务印书馆2005年版，第116页。

第二章　思维的目的、分类及过程　　111

根所说的"形式",数学以高度乃至极度抽象无限接近世界的本质,得以对世界的本质及其规律形成真确、深刻的认识。抽象思维是人类理性的力量,而数学抽象是这种力量最高级别的表现。

数学抽象存在不同的深度,对应不同的思维力量。该深度大体上分为三个层次:

● 简约阶段。把握事物的本质,把繁杂问题简单化、条理化并清晰地表达。

● 符号阶段。超越具体的内容,利用概念、图形、符号、关系表述包括已经简约化了的事物在内的一类事物。

● 普适阶段:通过假设和推理建立法则、模式或者模型,并能够在更一般的意义上解释事物与现象。[①]

数学抽象的核心和基本形式是概念。有研究者指出,数学概念可以分为两类:对象概念和关系概念。对象概念是指数学要研究的那些东西,如自然数、实数、三角形等;关系概念是指表示对象之间关系的逻辑术语,这些术语具有因果、转折、递进、对比、补充、选择等功能,如"所以""同时""存在""相等""属于""介于"等。

借助关系概念把逻辑应用于对象概念之间,就产生了数学的基本内容,这些内容可以分为两类:运算结果和命题结果。比如从加法运算出发可以通过逻辑得到四则运算,并且把数的集合由自然数扩充到有理数;从极限运算出发,可以得到微积分以及基于微积分的所有运算,并且把数的集合扩充到实数,这些都是运算结果。再

---

① 参见史宁中:《数学思想概论:数量与数量关系的抽象(第1辑)》,东北师范大学出版社 2008 年版,第 3 页。

比如从欧几里得几何出发，由平行线存在的问题引发了罗巴切夫斯基几何和黎曼几何，由度量问题引发了解析几何，由变换问题引发了射影几何和拓扑学，这些都是命题结果。当然，运算结果和命题结果不是截然分开的，而是有着紧密的关联。①

之所以说数学思维是"抽象之抽象"，不仅因为它高度抽象、高度形式化，还在于它除了对具体事物、现象进行抽象，还对其他学科领域的抽象知识进行再抽象，上面呈现的生物学中利用数学方法推测种群数量即为典型表现。此外，在物理、化学、地理学科中存在大量的数学计算、模拟、论证。学生将来上了大学或者走上工作岗位，如果从事社会学、经济学、心理学等方面的学习或工作，会发现这些领域都有大量的数学知识，这些都是数学"抽象之抽象"的表现。

数学还通过对自身内部知识的再抽象而不断扩展、精深。数学的很多概念或理论源于具体现象和实践经验，但发展到一定程度后，就可以不再直接依赖于经验，而由抽象知识演绎出新的理论，由概念诱导出新的概念。例如，超穷级数理论、无穷维空间的概念及理论、非标准实数域的建立等，都是这种情况。②

恩格斯在《反杜林论》中说："和其他一切科学一样，数学是从人的需要中产生的——但是，正如同在其他一切思维领域中一样，从现实世界抽象出来的规律，在一定的发展阶段上就和现实世界脱离，并且作为某种独立的东西，作为世界必须适应的外来的规律而与现实世界相对立。社会和国家方面的情形是这样，纯数学也

---

① 参见史宁中：《数学思想概论：数量与数量关系的抽象（第2辑）》，东北师范大学出版社2009年版，第220页。
② 王仲春等：《数学思维与数学方法论》，高等教育出版社1989年版，第11页。

正是这样。"恩格斯指出,"纯数学"的研究对象可以是"和现实世界脱离"的内容,其中一个重要的方面就是数学内部的知识,这即是所谓的"抽象之抽象"。

(2)极严谨的逻辑。本书第一章辟专节说明"逻辑——思维的规则"的重要性,数学思维尤其强调严谨的逻辑。教材编写者在《普通高中教科书·数学·选修C·逻辑推理初步》中写道:

在数学论证过程中,一个反例就足以敲响恪守严谨的警钟。这个例子说明,人们为什么要如此谨慎地审核每一个数学命题是否成立。

对于数学的学习,需要知道数学证明的两个基本特征,这就是证明过程的顺序性和严格性。顺序性是指,在数学证明中不允许使用尚未证明的命题,不允许使用尚未引入的概念,因此这样的过程是循序渐进的;严格性是指,严格遵循演绎推理的程序一步一步地进行,任何一个步骤都不能凭借直觉,也不能掺杂归纳推理或类比推理。数学证明的表达还要求语言准确、简洁。

由此可见,数学思维强调严谨,其核心是逻辑上的严密。我们来看《普通高中教科书·数学·选修C·逻辑推理初步》中有关悖论的内容:

悖论是建立理论体系时常用的检验手法,如果从一个理论体系出发导致悖论,那么这个理论体系就出现了瑕疵,必须修正甚至扬弃,对于数学的理论体系,数学悖论往往是导致逻辑矛盾的命题:如果承认其真,可以推出其假;如果承认其假,又可以推出其真。

集合论是现代数学的基础,但最初阶段,关于如何表达集合的概念就引发了著名的数学悖论。19世纪80年代，康托尔开始建立集合论的概念与方法，给出集合的一般定义：我们的直觉或思想确定的相异对象的总体。

在这个定义中，"对象的总体"表述不清、无法判断。于是1902年，罗素给出了一个悖论，是关于图书馆的故事：如何编制图书目录。因为图书的目录也可以装订成书，所以在有些图书馆，"图书目录"这个集合可以包括图书目录本身，于是形成了著名的悖论。

集合可以分为两类，一类是构建集合的特性包含了集合本身，比如图书目录，称之为R集；还有一类是构建集合的特性不包含集合，称之为非R集。我们把所有非R集的集合总括为一个新的集合，用M表示。现在的问题是：M属于R集还是属于非R集？如果属于R集，不符合M的定义；如果属于非R集，那么按照R集的定义，M又应当属于R集。于是就出现了矛盾。

在集合概念提出的最初阶段，罗素的悖论在数学界引起的震动是不言而喻的。希尔伯特曾经说，这个悖论对数学界有灾难性后果。更具戏剧性的是，弗雷格正准备把著作《算术的基本规律》第二卷交付印刷时收到了罗素的来信，信中提及上述悖论。在那本准备交付印刷的著作中，弗雷格把整个算术建立在集合论的基础上，而他所认为的集合就是康托尔所描述的那样的集合，因此当他收到罗素的信后非常紧张马上重新审阅了书稿，在最终出版的这部著作的附言中，述说了看到罗素悖论后的伤心反应："一个科学家所遇到的最不合心意的事莫过于在他的工作即将结束时，其基础崩溃了。罗素先生的一封信正好把我置于这个境地。"

后来在1918年，罗素把图书馆悖论表述得更加通俗，这就是广为人知的理发师悖论：

一个乡村理发师宣称,他不给村里给自己刮脸的人刮脸,但给所有不给自己刮脸的人刮脸。后来他遇到了尴尬,他是否应当给自己刮脸呢?如果他给自己刮脸,那么按照他宣称的前一半,就不应当给自己刮脸;如果他不给自己刮脸,那么按照他宣称的后一半,就应当给自己刮脸。理发师陷入了逻辑两难的境地。

为了解决这个悖论,在后来的集合论公理体系中规定了九条公理,其中第九条公理规定:集合不包括集合本身。这条公理称为正则公理,避免了罗素悖论以及类似悖论出现的可能性。

此例读起来可能会让我们觉得"烧脑",这恰恰是数学极度追求逻辑的严谨性的体现。正如爱因斯坦所说:"我们推崇古代希腊是西方科学的摇篮。在那里,世界第一次目睹了一个逻辑体系的奇迹,这个逻辑体系如此精密地一步一步推进,以致它的每一个命题都是绝对不容置疑的——我这里说的是欧几里得几何。"[1]爱因斯坦还说:"数学之所以比一切其他科学更受到尊重,一个理由是因为他的命题是绝对可靠和无可争辩的,而其他的科学经常处于被新发现的事实推翻的危险……数学之所以有高声誉,另一个理由就是数学使得自然科学实现定理化,给予自然科学某种程度的可靠性。"[2]

因此,数学思维既是一种学科思维,也是具有超越性的思维方式,广泛且深入地渗透到现实生活及其他学科中,正如马克思说:"一种科学只有成功地运用数学时,才算达到了真正完善的地步。"因此,发展学生的数学思维不仅仅是使其掌握一种思维方法,更有助于提高学生思维的严密性、深刻性,从而整体上提升学生的思

---

[1] 许良英等编译:《爱因斯坦文集(第一卷)》,商务印书馆1976年版,第313页。
[2] 张奠宙:《关于基础与创新》,《中学数学月刊》2010年第1期。

维素养。

德国数学家普林斯海姆说:"数学知识对于我们来说,其价值不止是由于他是一种有力的工具,同时还在于数学自身的完美。在数学内部或外部的展开中,我们看到了最纯粹的逻辑思维活动,以及最高级的智能活力的美学体现。"[1]很多教育工作者未能认识到数学思维的美及其独特性、超越性,这是非常遗憾的。

例如,一位全国知名的教育专家在教师培训中举了一个例子,用以说明学生学了很多"没用的东西"。这个例子是一道常见的数学题:一个 10 立方米的水箱,上面的水管以 1.5 立方米每分钟的流速往水箱里灌水,下面的水管以 1.1 立方米每分钟的流速往外放水,多长时间水箱能被灌满?该专家评论道:"这样的题就是胡扯,现实生活中谁会一边灌水一边放水?想把水箱灌满不是首先把放水管关闭吗?这样的事儿学生这辈子遇不到,下辈子也遇不到,做这样的题有意义吗?"

不得不遗憾地指出,该专家此论谬矣!其对数学的认识实在太肤浅!这个数学问题是对多种多样的具体现象的概括和抽象,其本质是一个"追及问题",世界上成千上万、形形色色的现象都可以用解决此问题的思路予以表征,就像前面的"排队问题"一样。因此,借助数学思维我们得以对世界形成高效、深刻的认识,此专家对这类数学题的批判恰恰显示了其数学思维的贫瘠、孱弱!要是他看到前述华罗庚等人用数学思维解决、表征"排队问题",很可能会说:"哎呀,排队就排队,讲究的就是先来后到,让谁先来、后来,不乱套了?"我们应充分认识到,数学思维是人类高级且纯粹

---

[1] 张顺燕:《数学的美与理》,北京大学出版社 2012 年版,第 6—7 页。

的思维形式，培养学生数学思维是提升其思维素养非常有效的一种基础训练，各学科教师都应当注重在教学中运用数学方法，渗透数学思想，从而培养学生能够"用数学的眼睛看世界"。

2. 哲学思维

明代思想家王阳明说："你未看此花时，此花与汝同归于寂；你来看此花时，则此花颜色一时明白起来。"多么优美的论说！这同时也是一个哲学思考。王阳明认为花的状态乃至其存在与否取决于人的意识，你同意他的观点吗？这是一个典型的哲学问题，千百年来人们争论不休的有关主观与客观、意识与物质、第一性与第二性的问题，这样的问题涉及的思维就是哲学思维。英国哲学家罗素在《哲学问题》中写道[1]：

在日常生活中，我们以为许多事物都是确定的，但仔细检查就会发现，它们充满了明显的矛盾，以至于唯有深思才能使我们知道什么才是真正可以相信的。在寻求确定性时，自然要从我们现有的经验出发，而且在某种意义上，知识无疑正是由此派生而来的。但我们的直接经验使我们知道关于任何东西的任何陈述都很有可能是错误的。……

为了清楚地表明我们的困难，让我们把注意力集中到这张桌子上。它看起来是长方形的、棕色的、有光泽的，摸起来是光滑的、冰凉的、坚硬的；我敲它时，它会发出一种木器的声音。任何看到、摸到这张桌子和听到它声音的人都会同意这种描述，因此似乎不会出现什么困难；然而一旦我们试图表达得更精确一些，麻烦就

---

[1] ［英］伯特兰·罗素：《哲学问题》，张卜天译，天津人民出版社2021年版，第3-9页。

来了。虽然我相信这种桌子是"真实地"通体一色，但反光的部分看起来要比其他部分明亮许多，而且由于反光的缘故，有些部分看起来是白色的。我还知道，如果我移动位置，反光的部分会有所不同，桌子表面的颜色分布也会发生变化。因此，如果有几个人同时看这张桌子，那么任何两个人都不会看到完全相同的颜色分布，因为任何两个人都不能从完全相同的角度去看它，而任何角度上的改变都会造成光的反射方式的变化。……这里，我们已经开始遇到一个在哲学上引起大多数麻烦的区分——"现象"与"实在"的区分，即事物看起来是什么与事物实际上是什么的区分。

……

我们考虑触觉时也会碰到类似的困难。诚然，桌子总是给我们一种坚硬感，我们觉得它能承受住压力。但我们获得的感觉取决于我们用多大的力按压桌子，也取决于我们用身体的哪个部位去按压。因此我们不能认为，因不同的压力或身体的不同部位而产生的不同感觉，直接揭示了桌子的某种明确的属性，它们最多只是某种属性的标志而已，这种属性也许造成了所有感觉，但并未实际出现在任何感觉之中。显然，同样的情况也适用于敲桌子发出的声音。因此，实在的桌子如果存在的话，显然不同于我们凭借视觉、触觉或听觉所直接经验到的东西。实在的桌子即使存在，我们也根本无法直接知道，而必定是从我们直接知道的东西中推断出来的。这样便立即出现了两个难题：到底有没有一张实在的桌子？如果有，它可能是什么样的对象？

这些文字会让很多人觉得"绕"，指向了看似不需要思考的内容，生成了很多看似不是问题的问题，如"事物看起来是什么与事物实际上是什么的区分",但这恰恰体现了哲学思维的特点和本质,如同在眼见之实的背后还要一探究竟,如同用长杆深入平静的水面之下触探幽暗的水底,即罗素所说"唯有深思才能使我们知道什么才是真正可以相信的"!这几段话中蕴含的哲学思维包括:

- 我们可以认识世界的本质、本原吗?如果不能,为什么?如果可以,我们是如何认识这个世界的?
- 世界上的任何事物包括人类自身都在不断变化,我们能对变动不居的事物形成真确的认识吗?
- 是否存在一个绝对独立于人的意识之外的世界?如果有,此世界和我们对它的认识是什么关系?
- 人们对同一个客观事物的认识可能存在差异,如何看待这些差异,在这些认识中是否有相对更好、更真确的认识?

罗素说:"实在的桌子即使存在,我们也根本无法直接知道,而必定是从我们直接知道的东西中推断出来的。"这是典型的基于哲学思维的论断,你同意这个论断吗?罗素还提出,人们面对一个问题可能永远无法得到所谓正确的答案,例如,"到底有没有一张实在的桌子?如果有,它是什么样的?"由此可见,哲学思维同样体现了超越性,指向世界上本质的、终极的问题,这些问题是人类智慧发展到一定程度必须面对的,是由不可遏制的好奇心和求真的本能驱动的。

培养学生的哲学思维,应避免以枯燥的形式硬性灌输,要敏感地意识到生活中、教材中有很多蕴含哲学意味的内容,可以用有趣的形式"包装"这些内容以激发学生的哲学思考。

举例而言,《普通高中教科书·数学·选择性必修·第二册》辟"等比数列"专节,其中一个题例就是庄子的"一尺之棰",它源自《庄子·天下》:"一尺之棰,日取其半,万世不竭。"意思是一尺长的木棒,每日截取它的一半,永远截不完。如果以 1 表示"一尺",不断地"取其半",就会形成 $\frac{1}{2}$,$\frac{1}{4}$,$\frac{1}{8}$,$\frac{1}{16}$……,一直到 $\frac{1}{2^n}$(n 为无穷大)。"这一列数加起来的和是多少?"这是等比数列求和的问题。由于 n 为无穷大,很多人认为这个数列求和的结果是不定值或无穷大,事实上其结果是 1。[①] 除了运用数学方法,我们可以启发学生运用有哲学意味的"逆向思维"解决这个问题:一尺的木棍被无限地截半,这些被截取的部分重新组合起来,不就"复原"为一尺的木棍了吗?因此,"一尺之棰"指向了一个重要的哲学问题:世界上存在无穷小的东西吗?如果存在,它是怎样的?无限多的事物累积的结果可以是一个有限的事物吗?

由此可见,哲学思考可以很有趣、很生动。再来看哲学家芝诺提出"阿基里斯追不上龟"——古希腊传说中行走如飞的英雄阿基里斯却追不上行动迟缓的乌龟——的悖论。芝诺的论断可以形象地表述为:乌龟在阿基里斯前面 10 丈远,他们同时出发,阿基里斯的速度是乌龟的 10 倍。当阿基里斯追到乌龟出发的地方,即跑了 10 丈的距离,乌龟往前爬了 1 丈,阿基里斯往前追 1 丈,乌龟又往前爬了 1 尺,阿基里斯往前追 1 尺,乌龟又爬出去 1 寸……,如此下去,阿基里斯永远追不上乌龟。将阿基里斯跑 10 丈的时间定义为 1,他追乌龟的时间即为:$1+\frac{1}{10}+\frac{1}{100}+\frac{1}{1000}+……+\frac{1}{10^n}$

[①] 利用"错位相减法"可以证明 $\frac{1}{2}+\frac{1}{4}+\frac{1}{8}+\frac{1}{16}+……+\frac{1}{2^n}$ 的值是 1,具体证明及求和公式可参见相关资料。

（n 为无穷大值）。芝诺认为，因为算式中相加的项无穷多，相加的结果则是无穷大的，这意味着阿基里斯永远追不上乌龟。通过上面"一尺之棰"的分析可知，这就是一个等比数列求和，根据求和公式，它的和不是无穷大而是一个定值 $\frac{10}{9}$，这说明经过 $\frac{10}{9}$ 个时间单位后，阿基里斯就赶上了乌龟，下一个时刻就超过了乌龟。因此，无论是经验还是数学推理都显示，芝诺的论断是错误的，但他错在哪里？我们可以把这个问题交给学生以激发他们的哲学思考。

芝诺还有一个"飞矢不动"的悖论："飞行的箭在某个时刻一定是静止的，因为在时间轴上，某个时刻是没有'长度'的，时间在这一刻是静止的，这支箭在这个时刻也必然是静止的，因为运动需要时间，而它在这个时刻不具备运动的时间。飞行的过程就是由一个又一个这样的时刻组成的，因此，这支箭总是静止的。"无疑，这是一个错误的论断，但它错在哪里？列宁指出："运动是（时间和空间的）不间断性与（时间和空间的）间断性的统一。运动是矛盾，是矛盾的统一。"[①] 恩格斯在《反杜林论》中更明确指出："运动本身就是矛盾；甚至简单的机械的位移之所以能够实现，也只是因为物体在同一瞬间既在一个地方又在另一个地方，既在同一个地方又不在同一个地方。这种矛盾的连续产生和同时解决正好就是运动。"[②] 由此可见，芝诺做出"飞矢不动"的错误论断，原因在于未能看到静止与运动之间的矛盾，以及基于矛盾的解决形成不间断性和间断性的统一；同时，他忽视了认识对象的相对性，片面强调

---

① 《列宁全集（第38卷）》，人民出版社1959年版，第283页。
② 《马克思恩格斯选集（第3卷）》，人民出版社1995年版，第461页。

了其绝对性如绝对的静止。

有趣的是，庄子的好友惠施曾提出过与"飞矢不动"相似的论说——"飞鸟之景，未尝动也"。毛泽东1956年11月5日在论述经济问题时说："《庄子》的《天下篇》说，'飞鸟之景，未尝动也'。世界上就是这样一种辩证法：又动又不动。净是不动没有，净是动也没有。动是绝对的，静是暂时的，有条件的。"[①]毛泽东的论说直击肯綮，将对事物、现象的认识上升到哲学层面。所有这些现象和相关哲学问题都很有趣也很深刻，我们可以向学生展示这些富有哲学意味的内容，激发学生的哲学思考，培养其"以哲学的眼光看世界"的意识。

综上所述，数学和哲学思维都具有超越性，前者因"抽象之抽象"而显现出超越性，后者因为指向有关世界的本质和本原而具有超越性，二者超越了具体的现象，也超越了具体的学科，在人类的思维和认识上具有"俯瞰"之姿。数学和哲学思维同样指向"是什么""为什么""怎么办"等问题，但它们以追根究底的方式面对和解答这些问题，逼近人类心底最深刻的省问，因此闪现出最耀眼的思维光芒。

三、具体的思维过程

本书的前言中指出，教学中有很多耳熟能详的有关思维素养和思维活动的提法，包括批判性思维、创造性思维，以及理解、分析、综合、应用等。这些思维活动都具有复合性，复合性思维活动的开展往往需要以若干具体的"元素级"的思维过程为基础，如要

---

① 《毛泽东选集（第五卷）》，人民出版社1977年版，第313页。

理解某些内容，需要比较、定性、概括等具体思维过程的支持。因此，具体的思维过程是思维素养培养、测评的载体与抓手，是提高学生思维素养的切入点和落脚点，就像要训练高水平运动员一定要从最具体、最基础的动作入手，一定要把一个个基本动作练好。

以下分析了22组"元素级"的具体思维过程，它们大多是人类个体"预置"的、与生俱来的心理机能。我们力求将这些思维过程与教学紧密关联起来，通过具体的例子说明其在教学中的表现是怎样的，以及如何在教学中调动和优化这些思维过程，为此还提出了可用于教学、测评的问题和任务的样例供读者参考。

（一）基础过程

1. 聚焦与识别

A、B两人都在公园逛了一圈，但他们的收获可能大不相同。A"欣赏"了诸多自然之美，"注视"了一对老夫妻温馨的相伴，"看到"了嬉闹的孩子们纯真的笑脸，"瞥见"了母亲投向孩子充满笑意的脸，"感受"了自己内心的放松与宁静……基于这些思维活动所获得的经验，A有可能写成一篇散文，或是与朋友分享感悟，或画一幅水粉画……而B呢，只是"放空地"转了一圈，似乎什么都没注意。如果有人问他："今天去的公园怎么样？"他或许会想一想，说："哦，挺好的。"与此相似，在同一节课上，所有学生听讲的内容是一样的，但他们的"收获"却会大不相同。这个现象多么值得关注！从思维的角度看，面对同样的场景，不同的人为什么会有不同的收获，一个关键原因在于聚焦与识别这一思维过程存在差异。

聚焦指个体的注意力朝向某个具体的认知对象。聚焦对思维来说极为重要,学生能通过聚焦锁定、追踪认知对象,意味着其思维被激活,注意力被调动,学习内容进入认知视野等待被思维加工。个体通过感官获得信息是聚焦的前提,但聚焦不只是感官被激活而"看到""听到",聚焦时个体的注意力会指向特定的认知对象,同时生发想要"看清楚"它到底是什么的认知动力。如果缺乏这种主动探求的心理需求,个体会处于"视而不见""听而不闻"的状态,就像 B 到公园转了一圈却没留下什么印象一样。同样,在教与学的过程中,有些学生也在听课,也在做习题,但他们并未真正聚焦于学习内容,这种情况下学生的思考处于被动状态,思维过程没有被充分调动与激活。

与聚焦紧密相关的心理过程是"识别",它的含义是"辨认,辨别,区分,分辨",可以说识别是聚焦的一个重要目的,可通过识别的效果评价聚焦是否发生。上述逛公园的例子中,A 聚焦于多个认知对象,因此而形成多重识别——自然之美、孩子的玩闹、母亲的笑意、自己内心的情绪。需要指出的是,这里所说的"识别"是思维过程的初级阶段,其最大的价值是为后续的思维加工提供素材,如 A 从公园回来后,需要对其在公园通过识别获得的信息进行多种形式的思维加工,才能生成文章、言说、绘画等。

在教学中,所有的学习都开始于学生的聚焦与识别,尤其是其中的重点和难点,教师在讲课时会提醒学生对此给予关注,这即是尝试启动学生对学习内容进行聚焦与识别。

优化学生聚焦与识别这一思维过程可从三个方面入手:

第一,回溯所学知识最初为何被人们聚焦与识别。例如,青霉素、X 射线的发现就是偶然出现的"意外"现象引起了研究者的注意、聚焦,进而形成对相关现象的识别。学生学习的诸多知识的生成都源于聚焦和识别，我们可以还原此场景从而让学生重演聚焦与识别这一思维过程。

第二，调动学生的好奇心。好奇心对聚焦与识别有驱动作用，换言之，好奇心促使我们聚焦特定的事物和现象并对其进行识别。我们在教学或测评时，可让学生注意新事物、新现象，或者事物、现象的发展变化，从而调动学生的好奇心并激活其聚焦与识别这一思维过程。

第三，调动学生解决问题的需求。学生产生某种需求并想要满足这些需求是聚焦与识别的重要驱动，此时学生的注意力被调动起来，他们的感官"被打开"并变得敏感。例如，一个画家要解决缺乏创作素材的问题而去某地采风，他必然对可能成为创作素材的事物、现象形成聚焦与识别。可以想见，基于明确的需求，画家对认知对象聚焦与识别的有效性、丰富性、精细程度一定明显优于走马观花的游客。我们在教学时，可以提出"怎么办""这个问题怎么解决""如果想要……""如果是你，你会怎么做"等问题，通过调动学生解决问题的需求，激活其对特定事物、现象的聚焦与识别。

典型问题及任务

- 预习今天要学习的内容，你有哪些有趣的发现和大家分享？
- 看了教材中的这部分内容，你觉得有哪些内容值得关注？
- ××提出了一种新思路，你注意到了吗？这种思路的特点和本质是什么？
- 说出这个作品的创新和独特之处并对其进行分析。

- 如果想要改变××,我们该怎么办?
- 引发××事件的导火索是什么,它为什么有如此关键的作用?

2.表征与定性

一个婴儿看到某个人或物品会手舞足蹈并咿咿呀呀地叫,仔细观察会发现,他们面对不同的人或物品,叫声及动作是不同的,这是婴儿凭借声音和动作对人或物进行表征。同时,婴儿的叫声和动作还表达了对这个人或物的好恶与评价,如对某种颜色表达喜欢、对某个形状表达惊奇、对某种变化表达迷惑等,这样的评价实际上是对人或物的一种定性。由此可见,表征与定性是一套源自个体本能的行为和思维过程。

个体在生活中一方面要理解各种表征,另一方面也要学会表征。学生学习的几乎所有知识都是表征的产物,或者说是某种形式的表征,包括文字、符号、公式、图表等。婴儿的表征是具体、简单的,很多表征源于本能,是无意识的,而学生要理解、学习的表征则会随着学习内容难度的增加而变得越来越复杂和抽象。例如,基于数学函数建立模型、构思精巧的小说、创作音乐作品就是相当复杂和抽象的表征。我们可以从准确性、完备性、效率等三个方面评价学生表征的表现,这三个方面也是对表征这一思维过程进行培养和测评的依据。

定性的含义是感知、判定事物的性质。刚出生的婴儿就会表现出趋近、逃避反应,而这建立在定性的基础上,即对事物的性质——利弊和价值——形成判断。儿童表达"××是好人""这个东西不好"就是对事物、现象的定性。定性中的"性"指的是认知对象的性质、本性，利害判断、趋避反应即建立在对事物性质、本性形成认识的基础上。学生的学习内容总的来说包括科学知识和人文知识，人文知识蕴含情感与价值观，必然与"定性"有密切关联；即使是自然科学知识，很多时候人们也会将情感与价值观投射其上，例如，面对某个自然地理现象，人们会基于人类的立场分析、评价它对维持生态平衡的价值。

很多时候表征与定性是同时出现的，如我们用数学公式或符号表达"单调递增函数"或"单调递减函数"，就是既表征了函数的形态，又明确了函数的性质。还有，人们利用"有意味的形式"进行艺术创作，也是对世界和自我情感的表征与定性。

典型问题及任务

- 如何用函数表达××物理过程？
- 你能用统计图或统计表表现这两个变量的关系吗？
- 这种绘画技法用于表现××的优势和不足是什么？
- ××是一个新概念，你们认为这个概念的提出有必要吗？为什么？
- 对××在系统中的作用进行利弊分析。
- ××评价××作品的这句话被奉为经典，你能说说原因是什么吗？

3. 模仿与再现

模仿对人类来说实在是太重要了，动物必须模仿亲代的觅食、逃生等行为才能生存下来，而人类的模仿超越了生存的需求。对学生而言，模仿是其获得知识技能、提升素养的关键思维过程。举例而言，作文教学中的仿写训练，其目的就是让学生通过模仿获得或提高写作技能。同样，教师在课堂上讲解例题，学生课后完成习题也是模仿，模仿其中解决问题的方法与策略。实际上，教学中相当多的内容，就是为学生提供的知识、方法的模板和样例，希望其能够通过模仿掌握这些知识和方法。

学生一生的发展任务非常艰巨，每个学生面对的挑战都非常复杂且独一无二，只依靠模仿前人的经验不足以应对这些挑战。对学生的学习和发展而言，模仿是手段而不是目的，其学习与思维不能停留在模仿的层面，而要根据现实任务与条件，将模仿与适应性调整乃至创新整合起来。例如，我们要鼓励学生在仿写时调动、整合自己独特的经验和情感；在模仿并掌握某一类型数学题的解法之后，也应当尝试在不同的情境中应用该方法解决问题。这样的模仿超越了简单的复制，体现出主动性和灵活性，可谓活学活用、学以致用。

很多时候模仿是反本能的，这也是人与动物的模仿的本质区别。例如，人们在不接受任何指导的情况下打乒乓球，他们的每一个动作都可能有问题，都需要矫正；同样，一个人凭本能写字，大概率歪歪扭扭、不好看。要想打好乒乓球、把字写得好看，就需要通过模仿掌握正确的动作、方法、技巧，而这样的模仿其本质是通过矫正错误而形成正确、高效的行为或思维方式。因此，模仿包含正、反两个方面，即习得正确的行为和去除错误的行为，教师在引导学生模仿时对此要有清醒的认识。

模仿伴随一个重要的思维过程——再现。再现与记忆紧密相关，包括再认和回忆两种心理过程。再现强调事物或现象不在眼前时，个体能够通过言语、动作、表情等使其复现。这样看来，再现既是模仿的前提，也是模仿的结果，可用于对模仿的效果进行评价。例如，学生观察教练示范打乒乓球的正确动作，然后自己揣摩着进行练习，在这个过程中他需要不断在头脑中尝试再现教练的示范，将自己的动作与其进行比较，进而不断调整自己的动作。

我们反对教学和考试中让学生"死记硬背"，但不应忽视、贬低模仿与再现的价值。再现的是记忆的内容，既有可能是短时记忆也有可能是长时记忆，这意味着记忆是再现的前提。我们反对让学生记忆孤立、破碎、静态的"惰性知识"，而要加强记忆的功能性，让记忆为有意义的模仿与再现服务。

例如，语文学习中教师给学生呈现优秀的文学评论，希望学生能模仿、习得评论的方法和视角。判断学生习得的效果，可以看其在赏析课文时能否模仿、再现习得的方法，而学生需要赏析的是一篇"新"文章，模仿与再现就不能原封不动照搬教师提供的文学评论，而要调动、整合记忆中有用的方法和素材，这样才能形成对文章高质量的赏析。

典型问题及任务

- 请借鉴××方法解决这个问题。
- 仔细观察教师的演示，尝试重复这一过程。
- 说出一首表现杜甫沉郁风格的古诗并对其进行分析。
- 参照××的文章，结合你的经验写一篇作文。
- 分析××表演中最感人的片段。

---

4. 联想与想象

联想是指由一个事物、现象关联或想到另一事物、现象。日常生活中，当我们看到某个事物时往往会脱口而出："它多像××

啊!"这即是联想这一思维过程的体现。联想发生于两种情境:第一,不同的事物、现象在表象层面具有共同或相似的元素,如形状、颜色、触感、动态等。第二,不同的事物、现象具有内在逻辑或本质上的关联,例如,给学生看分别画着一个小女孩、毛巾、书包的三张图,学生会形成联想——女孩早上起来洗脸刷牙,然后背着书包去上学。

瑞士工程师乔治·德梅斯特拉尔很喜欢打猎,每次打猎回来总发现有一种大蓟花紧紧粘在衣服上。有一次,他摘下一朵花放在显微镜下观察,发现花上长有许多小钩子,原来就是这些小钩子紧紧钩住了衣服!由此他联想到,假如在布上放置一些类似的小钩子,不就能够将两片布牢固地粘合在一起吗?乔治经过不断尝试制造出了尼龙搭扣:一条尼龙带上布满小钩,另一条上布满小圈,将二者挤压就能牢牢地粘合一起了。由此例我们可以看到联想这一思维过程的重要价值。贝弗里奇说:"科学的联想常常在于发现两个或两个以上研究对象或设想之间的联系或相似之点,而原来以为这些对象或设想彼此没有关系。"[1]因此,教师要意识到,许多学科知识都是联想的产物,学生的学习某种意义上就是重演、习得这些联想。

想象是人对已储存在头脑里的表象进行加工改造而形成新形象的心理过程,"脑补"这个俗语很形象地说明了想象的过程与特征。想象对艺术学习无疑很重要,是艺术欣赏和创作的内核。语文学习也要求学生要有想象力,如文学中的虚构内容就是凭想象编造的。1933年春,上海天马书店的编辑为出版《创作的经验》向鲁迅征稿。鲁迅在《我怎么做起小说来》中谈自己是怎么写小说的:"所

---

[1] [英]贝弗里奇:《科学研究的艺术》,陈捷译,科学出版社1979年版,第63-64页。

写的事迹，大抵有一点见过或听到过的缘由，但决不全用这事实，只是采取一端，加以改造，或生发开去，到足以几乎完全发表我的意思为止。人物的模特儿也一样，没有专用过一个人，往往嘴在浙江，脸在北京，衣服在山西，是一个拼凑起来的脚色。"[1]这段话典型体现了作家进行创作时想象的关键作用。

自然科学和社会科学的学习同样需要想象，爱因斯坦有句名言："想象力比知识重要！"我们来看一个例子：物理、化学学科中的"电子云"是一个极富想象力的概念，因为电子有波粒二象性，其运动时不像宏观物体有确定的轨迹，只能基于观测和统计知道它在某处出现的几率。如果用小圆点标记电子出现的位置，就会发现围绕原子核有些区域小圆点密集，说明电子出现的几率大，有些区域小圆点稀疏，说明电子出现几率小，看上去就像一片云状物笼罩在原子核周围。因此，我们可以将电子的运动轨迹想象为"电子云"，正是基于这样的想象，人们构建了电子运动的物理模型。有趣的是，在"电子云模型"被提出之前，科学家还基于想象构建了"实心球模型""行星模型""葡萄干布丁模型"，等等，这些模型的建立都有赖于人们对特定物理过程的想象。事实上，数学、生物、地理乃至社会科学中都有很多抽象概念与理论模型，这些模型的建立与应用往往都有想象这一思维过程的介入。

联想与想象是相对独立的心理过程，但二者又有关联和相似之处，甚至有时候很难区分。一般而言，联想强调由 A 关联 B，A 和 B 都是实际存在的；想象则强调由组合、添加、虚构而产生 C，但如果想象不是凭空产生而是由 A 诱发、驱动，这样的想象就具

---

[1] 《鲁迅全集（第4卷）》，人民文学出版社1981年版，第513页。

有联想的特点。

我们在教学中可从三个方面优化学生的联想与想象：

第一，激发主动性。引导学生主动进行联想与想象，这有助于提高其知识理解、生成的质量。例如，学生在写作时主动进行联想与想象，这样写出来的作文才生动、富有细节。

第二，提高丰富性。由于事物、现象之间存在普遍的关联，基于某事物和现象形成的联想与想象可以说是无限的，不同领域、不同属性、不同时空的事物和现象都可以被关联。例如，我们可以引导学生在学科知识与生活现象之间形成联想与想象，在同一学科的不同知识之间形成联想与想象，还可以在不同学科的知识之间形成联想与想象。

第三，加强深刻性。有些联想与想象发生于具象层面，有的则发生于本质层面，这显示了思维的深刻性存在差异。例如，学习"圆"时，学生联想到太阳、车轮等圆形物体，这是具象层面的联想；由两个图形相似联想到地图上的比例尺与实际距离的关系，这是本质层面的联想。本质层面的联想比具象层面的联想更深刻，体现了更高的思维水平。

典型问题及任务

- 这幅画让你想到了什么？为什么？
- 以《乡土中国》中的××内容为基础，发挥你的想象写一篇有关农户的小小说。
- 水平抛出一个弹性球，假设地面完全光滑，球每次落地反弹也没有能量损失，那么它的轨迹看起来像什么？可以用怎样的数学函数描述它的轨迹？

- 请想象主人公在××情况下的心情，如果是你，你会怎么想，又会怎么做？

5. 比较与分类

网名"心中有术"的网友在网络自媒体平台分享了有关胰岛素的科普视频，他如此解释胰岛素的作用：

胰岛素不仅要把血液中的葡萄糖运出去，还要让葡萄糖物尽其用，胰岛素一个人打四份工：第一，搬运工。促进葡萄糖运到细胞里，有些葡萄糖到了细胞门口进不去，胰岛素就召唤出葡萄糖转运蛋白，把葡萄糖运进细胞里。第二，锅炉工。促进葡萄糖氧化产能，这是葡萄糖的第一使命。第三，炼油工。促进葡萄糖转化成脂肪储存起来，有些葡萄糖没烧完，放着又占地儿，大部分会被转化成脂肪。第四，打包工。促进葡萄糖被"压缩""打包"变成糖原，留着以后再用。

将胰岛素比喻为搬运工、锅炉工、炼油工、打包工，多么形象、多么生动！能够进行这样的比较，说明其对胰岛素的作用有了真正的理解，而这样的表达方式，也会让受众最大程度地理解其所描述的内容。此科普中的诸多比喻是由"比较"这一重要的思维过程驱动的。俗语说"人以群分，物以类聚"，人、事物、现象因为有共同特征而能够成为一类，人类有感知、发现事物之间共同特征的本能，此本能成为分类思维的基础。人们面对多个有关联的事物或现象时，会自然地对其进行比较。

分类思维提高了认知效能，使认知加工可以实现"预处理""批处理"。如果A事物和B事物被归为一类，我们就可以将对A的认识迁移到 B 上，以此判断 B 的性质、特征及发展变化规律。例如，学生在看了一道题目后问自己："这是哪一类的问题？"美国数学教育家波利亚认为这个问题很好，显示了学生能分辨题目的类型，进而可以回忆学过的解这类问题的方法。波利亚强调，从某种意义上讲，解决各种问题都需要这样的分类思维，其价值在于，每一类问题都有相应的一类解法，这将有助于提高解决问题的成功率。[1]

分类与比较是紧密关联的思维过程，"类比"这个思维过程就是分类与比较的整合，二者在完成特定思维任务时往往同时出现，它们相辅相成，互为基础。如何引导学生对思维对象进行比较与分类？可以考虑以下两个策略。

第一，求同与求异。在多个事物或现象中发现、确认它们的相同或相异之处，这是实现比较和分类最基本的思维过程。例如，动物和植物的基本组成单位都是细胞，那么，动物和植物细胞相同的地方是什么，不同的地方又是什么？

第二，同中求异和异中求同。这可以看作是求同与求异的进阶，即在相同中发现不同，或在不同中发现相同。例如，两种植物为同一个科中的两个属，它们必然存在相同之处并因此而被归为同一个科，同时，二者也必然因为不同之处而被分类为不同的属，这即是在相同之中看到不同，以及在不同之中看到相同。这样的同中求异和异中求同很有价值，因为同科不同属的生物之间往往有着进化上的关联，这对于我们理解生物进化和多样性非常有帮助。

---

[1] ［美］波利亚：《数学的发现》，刘景麟等译，科学出版社 2006 年版，第 128-129 页。

比较与分类有两种应用场景。

第一，在同质与异质中比较和分类。我们既可以对相同性质的事物、现象进行比较与分类，也可以对不同性质的事物、现象进行比较与分类。例如，针对同一个文学主题，我们可以对多篇散文进行同质比较与分类，也可以对散文、小说、诗词等不同性质的作品进行异质比较与分类。再如，我们可以将自然现象和社会现象关联起来，对其中的某些元素进行比较与分类，这样的比较与分类异质性更强。

第二，横向与纵向的比较和分类。横向比较与分类指在同一时间或时期，对不同的事物、现象进行比较与分类，如比较不同作家同一时期的作品，在此基础上明确其作品的意义和性质。纵向比较与分类是指观察事物、现象随时间发展而变化，在此基础上对其进行前后比较。通过这样的比较，我们能够知道事物、现象中哪些发生了变化，哪些没有变化，而这对事物及现象的定性、分类很重要。例如，我们让学生对一处湿地不同时期的变化进行比较，观察其中哪些因素留存或消失，哪些因素壮大或式微，哪些因素进化或退化，等等，据此分析湿地的生态属性以及环境对湿地的影响，并对湿地的性质与类型形成真正的认识。

最后要强调的是，分类的前提是发现多个事物间的共同特质并以此为标准进行分类，而这些特质有时就体现了事物本质。例如，问小学生刻舟求剑、曹冲称象、守株待兔这三个成语中哪两个可以归为一类？有些学生会说刻舟求剑和曹冲称象更接近，因为这两个成语故事中的人都在船上刻了印记；有些学生会将刻舟求剑与守株待兔归为一类，因为这二者都说明一个人不懂变通、不能以发展的眼光看问题。显然，后一种分类的思维水平更高，也更有意义。

典型问题及任务

- 这两个英语句式的相似之处和区别是什么？应用场景有何不同？
- 物理过程 A——给水箱灌水，物理过程 B——压缩弹簧，给电池充电与哪个物理过程更相近，为什么？
- ×××被誉为《诗经》中的最美诗句，你同意此评价吗？为什么？
- 这么多描写月亮的诗句，你最喜欢哪一句？为什么？
- 这两种植物的外形很相似，为什么没有被归为同一个属？
- 基于两种方法都可以推导出这个数学公式，你认为哪一种方法更好？为什么？

6. 归纳与概括

想象一个场景：两个小学生各自有若干卡片，上面有不同的动漫人物，他们将卡片铺在床上，根据人物的战斗力将其分类。学生观察自己的卡片，看看自己在哪些类型上富余又在哪些类型上欠缺，然后讨价还价进行交换，从而让自己的卡片人物形成更全面、更均衡的战斗力。在这个过程中，学生盘点自己的资源即是"归纳"，对其总体状况及价值进行评估即是"概括"。

归纳有两个基本含义：一是指归拢事物并使之有条理；二是指一种推理方法，由一系列具体的事实概括出一般原理，跟"演绎"相对。我们这里分析的归纳主要指向第一个含义。生活中很多时候我们都需要对事物进行归纳，如办公桌杂乱时我们要对桌上的物品进行归拢、收纳；洗了一堆衣服晾干后，我们要将其整理好并分门别类放到衣柜中。在教学中，学生也必须通过归纳处理学习内容。

例如，对鲁迅短篇小说《祝福》主要情节的归纳：
- 祥林嫂被逼再嫁。祥林嫂年轻守寡，被逼嫁给了贺老六。
- 丧夫丧子。祥林嫂生了一个儿子，贺老六不久后去世，儿子也因病夭折。
- 再次被逼嫁人与再丧夫。祥林嫂被逼再嫁给了贺老六的堂兄，但她这一任丈夫也去世了。
- 沦为乞丐。祥林嫂失去了生活来源，被迫沦为乞丐。
- 残忍的"祝福"。新年期间，祥林嫂去鲁镇乞讨却被赶了出来，因为她被认为是"不祥之人"。
- 悲惨的死亡。在一个寒冷的冬天，祥林嫂在鲁镇的街头冻饿而死。

经过这样的归纳，一篇小说的关键情节被归拢并有条理地呈现出来。事实上，不仅是文学作品，学生面对所有学习内容都需要通过归纳对其进行归拢、梳理，这是对学习内容进行认知加工的基础性思维过程。

概括的定义是："归纳，总括。把事物的共同特点归结在一起加以简明扼要地叙述。"从这个定义可以看出，概括与归纳关系密切，归纳是概括的基础。同时，概括与归纳也有不同之处，主要表现在归纳更多地根据事物的特征和性质进行直接、简单的归置与整理；相较而言，概括则会在归纳的基础上进行一定的抽象，如定义所说"简明""扼要"，显示其思维过程比归纳更复杂、更深入。

例如，对《祝福》的中心思想的概括：《祝福》哀叹祥林嫂的悲惨遭遇，深刻揭露与批判了封建社会对妇女的压迫和残害。这些压迫与残害主要表现在：封建礼教的束缚；人性冷漠；社会不公；夫权与族权的压迫；愚昧与迷信的残害；女性被商品化。由此可见,与归纳相比,概括是更深层次的认知加工,有更强的抽象性,产生了新的内容。对《祝福》的归纳不是对小说的缩写,而是以祥林嫂的人生过程为线索梳理其重要情节。《祝福》的中心思想并不是小说原有的内容,而是经过有一定抽象程度的思维加工——即概括——产生了新内容,这是概括与归纳的不同之处,因此,我们一般说"概括中心思想"而不是"归纳中心思想"。

我们在第一章辟专节分析了"抽象——思维的核心",归纳、概括是实现抽象的关键思维过程。上述对《祝福》中心思想的概括即具有抽象性,表现出祥林嫂及其所受迫害的本质。再举一例:宏观世界中,无论外形和质地多么不同的物体,它们在受力时运动状态的变化都有一致性,可以用 $F=ma$(F,物体所受的合力;m,物体的质量;a,物体的加速度)这一公式予以表征,此公式即具有概括性和抽象性——对物体受力与其运动状态的关系进行了抽象概括。总的说来,对有形的、能直接体验的事物和现象的特征进行概括比较容易,如"三角形""明亮""速度""冷漠"等;有些事物和现象的特征是内隐的,有模糊性、不确定性,如前述社会学习中的"小资产阶级",物理学习中的"电子云",语文学习中的"乘桴浮于海",对这些内容进行概括相对而言会比较困难。

典型问题及任务

- 这篇文章的主题是什么?
- 请以思维导图的形式归纳、概括这一单元的内容。
- 小说中××命运的转折点是什么?为什么?
- 这一类化学物质的主要特点是什么?
- ××由盛到衰的主要原因有哪些?

第二章 思维的目的、分类及过程

7. 猜想与尝试

妈妈把一个玩具藏在一只手的手心后攥拳，然后同时伸出两个拳头给婴儿看，此时婴儿一定会好奇地睁大眼睛左看看、右看看，最后下定决心尝试掰开其中一个拳头。这个小游戏表现了个体的一个思维本能——猜想。

如前所述，学生的学习指向解决"是什么""为什么""怎么办"三类问题，个体面对问题时，会像这个婴儿一样本能地进行猜想，其本质是对三类问题尝试性地回答。再如，学生考试时如果某个单选题不会做，他往往会从四个答案中凭猜想选一个最有可能正确的，而不是放弃或随机选一个。事实上，猜想这一思维过程很有价值，在学生学习中扮演重要的角色。我们来看《义务教育数学课程标准》中有关直觉、猜想与推理的内容[①]：

> 推理能力的发展应贯穿在整个数学学习过程中。推理是数学的基本思维方式，也是人们学习和生活中经常使用的思维方式。推理一般包括合情推理和演绎推理，合情推理是从已有的事实出发，凭借经验和直觉，通过归纳和类比等推断某些结果；演绎推理是从已有的事实（包括定义、公理、定理等）和确定的规则（包括运算的定义、法则、顺序等）出发，按照逻辑推理的法则证明和计算。

这段话明确提到了猜想、直觉，提醒要重视合情推理，而合情推理的一个重要思维成分就是猜想。[②] 如果我们问学生，从地面弹

---

① 中华人民共和国教育部：《义务教育数学课程标准（2011年版）》，北京师范大学出版社2012年版，第6-7页。
② 关于"直觉""猜想"与"合情推理"在数学学习中的价值，可参考顾泠沅主编：《数学思想方法（第2版）》，中央广播电视大学出版社2016年版，第72-89页。

射出去的石头，弹射角是多少能飞得最远？弹射角的最小和最大值分别是 0°和 90°，如果是前者，石头无法离开地面；如果是后者，石头垂直飞起又落回原地，因此，我们可以鼓励学生猜想：让石头飞得最远的弹射角是 0°和 90°之间一个"折中"的角度——45°。有趣的是，这个答案是正确的！基于物理学力的分解与合成知识，在弹射力一定的情况下，弹射角越小水平分力越大，相应的垂直分力就越小，反之，弹射角越大垂直分力越大，相应的水平分力就越小。水平分力越大水平飞行速度越大，垂直分力越大飞行时间越长，而飞行距离是二者的乘积，因此它们既相互拮抗又相互配合。45°的弹射角"不偏不倚"，既保证了飞行时间也保证了飞行速度，能够使二者的乘积效应最大化。此例体现了猜想的价值，它提供了问题解决的方向，发挥了启动和导向的作用，这样蕴含猜想的思考不仅有趣，还富有哲学味。

直觉对猜想很重要，上述数学课程标准中也提到了直觉，直觉可以说是猜想的内核，很多时候猜想与直觉是两面一体的心理过程。许多著名科学家都对直觉的作用给予了高度评价。爱因斯坦说："思维中真正可贵的因素是直觉。"德国物理学家玻恩认为："实验物理的全部伟大发现都是来源于一些人的直觉。"法国物理学家德布罗意指出："想象力和直觉都是智慧本质上所固有的能力，它们在科学的创造中起过，而且经常起着重要的作用。"[1]

由此可见，猜想与直觉不仅对文学、艺术类课程很重要，对数学、物理、化学、生物等课程来说同样非常重要，是合情推理中自

---

[1] 关于直觉的论述转引自张浩：《直觉、灵感或顿悟与创造性思维》，《重庆社会科学》2010 年第 5 期。

然而又必然的关键思维过程。数学中"找规律"的题目，其关键思维过程是合情推理，而合情推理的核心就是直觉与猜想。直觉、猜想在中小学学习中大量存在，数学、物理、化学中的"直观解题"即是典型例证。

尝试是与猜想紧密相关的心理过程，就像前述婴儿猜想玩具在哪只手中，就会尝试去掰开那只手；同样，如果学生猜想弹射角度为 45°，石头能飞得最远，我们也要引导学生尝试用数学、物理方法进行推理和计算，以证明猜想的合理性。这样的话，可以将猜想看作是尝试的先导，尝试是对猜想的验证。"尝"的本义是用口舌辨别滋味，强调用感官进行实际、直接的体验；"试"最初的含义是"用"，后引申为试验、检验、探索之义。从心理学的角度看，"试"还有"试误"之意，指个体以尝试的方式对某种刺激做出反应，其中一定存在无效或错误的反应。换言之，人们在解决问题时，并不能确保所使用的方法一定是正确的，而是根据尝试的结果筛选正确的方法、弃用错误的方法。

关于尝试、试误，我们来看一个典型案例。[①]1877 年，爱迪生着手改进弧光灯。爱迪生曾用碳丝作灯丝，价钱虽然便宜，但使用寿命只有 8 分钟。后来，他使用白金作灯丝，使用寿命有 2 小时，可是白金价钱太贵了。爱迪生先后试用了 1600 多种材料，试验了数千次，都失败了。1879 年 10 月 21 日，一个寒冷的冬天，爱迪生无意间从围巾上扯下一根棉纱，放在火炉上烤了烤，突然，一个想法在他脑中一闪，爱迪生把棉纱装进玻璃泡里，抽出玻璃泡里的

---

① 参见周宝善编：《经典电子设计与实践 DIY》，中国科学技术出版社 2021 年版，第 73 页。

空气，小心地给棉纱通上电，棉纱丝竟连续点亮了13小时才烧断。再后来，他又选用另一种棉纱，使用寿命竟然长达45小时！而且，这种材料价钱十分便宜，一些生产厂商迫不及待地将这种碳化棉纱灯泡批量生产。然而，爱迪生对碳化棉纱电灯的使用寿命仍不满意，他把男人的胡子、女人的头发、牛和马的鬃毛，还有木头、竹子的纤维等拿来做试验。经过大量试验，反复比较，最终爱迪生发明出使用碳化竹丝做灯丝的电灯，使用寿命长达1200小时！此例充分显现了尝试、试误的过程及价值。

必须指出的是，猜想与尝试不是盲目地瞎猜、随机地乱试，它应当有目标、有预测、有逻辑、有对环境条件的认知与控制。人们在某个领域的知识、经验越多，尝试的过程就会越优化，尝试的成功率就会越高。正如泰勒所说："具有丰富知识和经验的人，比只有一种知识和经验的人更容易产生新的联想和独到的见解。"爱迪生的猜想与尝试正是建立在前人经由诸多探索而积累的大量知识的基础上。上述对"最佳弹射角"的猜想，也是建立在具备相关物理知识的基础上。

典型问题及任务

- 如果××，会发生什么？为什么？
- 请根据××原理尝试实现××。
- 根据已有的信息，你猜想××的后续及结果是什么？为什么？
- ××的尝试虽然失败了，但能给我们带来怎样的启发？

8. 假设与验证

想象一个场景：两个孩子正在"密谋"一件事——如何跑出去玩又不会被父母发现。他们一定会提出若干"如果""要是""假如"并对其进行讨论和评估，在此基础上确定"最佳"方案，进而通过行动验证方案的实际效果。这两个孩子本质上是在进行假设及假设的验证，这是个体本能的思维过程。

如前所述，所有的事物和现象都对应着"是什么""为什么""怎么办"的问题。回答或解决一个问题存在多种可能的路径，基于不同的条件，因而人们会很自然地分析、评价"如果"基于特定的路径或条件，问题解决的过程和结果会是怎样的，该思维过程的核心就是假设。

假设也可以被称为设想、构想，对个体而言是极为重要的思维过程，人类相当多的知识都是通过假设与验证——证实或证伪——获得的，同时，假设与验证也是一种重要的解决问题的思想方法。

例如，约1500年前《孙子算经》中著名的"雉兔同笼"题目："今有雉兔同笼，上有三十五头，下有九十四足，问雉兔各几何？"解决这个问题，就可以提出假设——假设笼中35个头都是鸡的头，笼中就应该有70只脚，但实际上是94只脚，多出24只脚。一只兔比一只鸡多了2只脚，所以笼中应该有12只兔，相应的就有23只鸡。

我们再来看《普通高中教科书·物理·必修·第一册》介绍的"理想实验的魅力"：

长期以来，关于物体运动的原因，人们的经验是，要使一个物体运动，必须推它或拉它。亚里士多德说：必须有力作用在物体上，物体才能运动；没有力的作用，物体就要静止在某个地方。直至近四百年前，伽利略才创造了有效的方法，提出了正确的认识。当球沿水平面滚动时会越滚越慢并最终停下来，伽利略认为这是摩擦作用的结果，若没有摩擦，球将永远运动下去。为了阐明自己的观点，伽利略设计了一个实验：让一个小球沿斜面从静止状态开始运动，小球将"冲"上一个斜面，如果没有摩擦，小球将到达原来的高度；如果第二个斜面倾角减小，小球仍将到达原来的高度，但是运动的距离更长。由此可以推断，斜面倾角越小，小球要到达原来的高度就要运动更长的距离；当斜面最终变为水平面时，小球要到达原有高度将永远运动下去。这说明力不是维持物体运动的原因。牛顿在伽利略等人的认识基础上提出了牛顿第一定律：一切物体总保持匀速直线运动状态或静止状态，除非作用在它上面的力迫使它改变这种状态。物体这种保持原来匀速直线运动状态或静止状态的性质叫作惯性，牛顿第一定律也叫作惯性定律。

这个实验被称为"理想实验"，所谓"理想"就是一个假设的情境，此例中有多处伽利略基于"如果"开展的思维过程，这即是典型的提出假设的思考。

假设与验证紧密关联，二者甚至可以说是一体的，没有或无法验证的假设是没有意义的。例如，上述伽利略的思考属于包含假设的理论物理的范畴，要想验证这些假设、理论是否正确，就应当通过实验物理进行确认。验证的本质是搜集证据证明假设的正、误或存在与否。搜集证据有两种方式：观察和实验。观察指的是人们关注认知对象发展变化的过程及结果，据此判断假设的正确性或在多大程度上是正确的。实验指的是人们通过主动操作和控制变量，在此基础上判断假设是否真确或在多大程度上是真确的。需要指出的是，很多假设尤其是理论假设并不能被完全验证，因为任何假设的实现都需要特定的条件，有些假设实现的条件非常复杂或隐蔽，实验时无法操作、控制相关条件，这使得人们有时只能对假设进行部分验证。

假设思维中有一种特殊形式——归谬思维，它是通过从一个命题导出荒谬的结论而否定该命题的一种思维方法。我们来看一个例子，亚里士多德曾提出，物体下落的快慢是由物体本身的重量决定的，物体越重，下落得越快；反之，则下落得越慢。1638年，伽利略在《关于两门新科学的对话》中指出：如果亚里士多德的判断是正确的，可以找来两个重量不同的石头，假设将两个石头绑在一起，下落快的会因为慢的而被拖慢，所以整体的下落速度应该介于大石头和小石头下落速度之间；但是，两块绑在一起的石头整体更重，下落速度就应该大于两个石头各自下落的速度，这就陷入了自相矛盾的境地。伽利略由此断言，亚里士多德的判断是错误的，物体下落速度与它的重量无关。[1] 这是一个典型的利用归谬思维进行论证的例子，从中我们可以看到，归谬的关键是提出一个假设：假设某个论证、命题是对的，照此推论或延展，却得到一个错误、荒谬的结论。在数学中有一种专门的证明方法——反证法，本质上也是由归谬思维驱动的，建议读者可进一步参看更多的相关资料。

---

[1] ［意］伽利略：《关于两门新科学的对话》，武际可译，北京大学出版社2006年版，第57-60页。

典型问题及任务

- 假设××,会发生什么?为什么?
- 假设没有××,×××将会怎样/出现什么结果?
- 假设要实现××效果,我们需要怎么做?
- 假设采用××方案,解决问题过程中需要把握的关键是什么?
- 如何验证关于××的假设?
- 用归谬法证明××是错误的。

9. 追溯与探源

一个著名的颇有哲学意味的问题:"先有鸡还是先有蛋?"这个问题引起了无数人的兴趣和讨论,它是由人们本能的思维反应——追溯与探源——驱动的。溯源为追溯事物或现象的起源、本源之意。举例而言,所有研究论文都要写文献综述,对某领域已有的研究进行回顾,其本质就是追溯与探源。

溯源之思维不仅对科学研究很重要,它还是人类的思维本能。想象一下,小华回到家,突然看到他想念的表哥从外地过来了。小华一定会惊喜又好奇地冒出一大堆问题:"你怎么突然来了,也不提前说一声?""你从哪儿来?""你不是在××上学吗?怎么会从××过来了?""你送我的礼物我好喜欢,你怎么知道我喜欢这个?"……只要一个人有好奇心,就会不可抑制地对事物"一探究竟",很多孩子喜欢"打破砂锅问(纹)到底",还有很多孩子因为想要一探究竟而闯祸,其中的核心思维就是追溯与探源。

世界上所有事物和现象都有发生发展的过程,我们要真正理解某个事物或现象,就要对其进行溯源,即审视事物和现象何以发生，又是如何发展演变的。探析事物、现象何以发生有助于我们理解其价值和生命力，即所谓的"应运而生"之意；探析事物和现象的发展历程，则有助于我们明确在这个过程中什么被保留，什么被抛弃，什么被强化，什么被弱化，从而真正理解其何以生发、兴盛，又何以衰败。例如，语文教学中教授一首宋词，我们要引领学生对其进行溯源，包括了解词这种文学形式何以产生，其萌芽期的形态是怎样的，它与众不同的表情达意的价值是什么，有着怎样的发展繁盛的过程，到达巅峰时的代表作有哪些，等等。这样的溯源无疑有助于学生真正理解这首词的价值及审美内涵。

追溯与探源有一个重要的指向——探求因果关系。一般而言，在时间尺度上结果发生于原因之后，根据结果或现状探求其形成的原因，本质上即是追溯与探源。很多人小时候都有喜欢拆东西、拆完却装不回去的经历，这是好奇心驱动的追溯与探源，其中的核心思维就是探求因果关系。

例如，孩子拆一个电动玩具，他想要知道它到底为什么会动起来。孩子发现玩具中有一个步进电机，他会进一步溯源——也即探求因果关系——为什么这个小电机能转起来？只要他有足够的好奇心和探索精神，生活中这样的溯源无穷无尽。未来有一天他如果成为设计步进电机的工程师，仍要以溯源的方式通过探求因果关系实现产品优化。例如，如何让电机的反应更灵敏以及进一步减小步距角？解决这个问题就需要溯源，即澄清步进电机所使用的最新技术及材料，并且了解前人在解决此问题时的思路与做法。

典型问题及任务

- 这个数学公式是如何产生的？它当时解决了什么问题？

- 千百年来，××制度在中国有怎样的发展变化？为什么会有这样的发展变化？
- 促使××产生的背景和条件是怎样的？
- 人们对××的认识经历了怎样的过程？
- 为什么××算法能够从众多算法中脱颖而出？它又是如何一步步被优化的？

10. 分析与辨别

"他说的是什么地方的口音""这个人感觉很面熟，好像在哪里见过""这道菜里有着特殊味道的调料是什么？""这个花园里有哪些生物？""你不觉得小王最近的行为很反常吗？"……这些思考非常频繁地出现在人们的日常生活中，其中的核心思维过程是分辨，具体说来是两个紧密关联的思维过程——分析与辨别。

阳光穿过棱镜散射为七彩光，这让我们惊喜地发现，阳光原来是由这些多彩的光组成的，这很像我们对事物和现象进行分析的过程，即辨别对象的结构与成分。分析在生活中极为常见，例如，期末物理考试的成绩出来了，二班由上学期的全年级第二名降到了第四名，王老师对这门课的成绩进行统计分析后发现：一是班上有六位同学的成绩明显下降，如果去掉他们的成绩再算平均成绩，仍然可以和上学期一样排在年级第二。二是学生在五道综合性题目上得分的均值与年级平均值差异不大，但标准差明显高于年级平均值。三是有三位同学的成绩出现明显提升，而他们在其他学科上的成绩没有明显变化。基于这样的分析，王老师获取了丰富、细致的有关学生物理考试的信息。

事物和现象的构成要素决定了事物和现象的形态、性质、本质。例如，分析植物的种子会发现，一般来说种子由种皮、胚和胚乳三个部分组成，种皮是种子的"铠甲"，起着保护种子的作用；胚是种子最重要的部分，可以发育成植物的根、茎、叶；胚乳是种子集中养料的地方，不同植物的胚乳中所含养分各不相同。因此，要想对事物和现象形成真确的认识，就必须通过分析确认其构成要素，并澄清这些要素的形态、性质、功能。

语文教学中，教师引导学生对小说中人物的语言、行为、事件、社会背景、生活环境等要素进行分析，最终形成对小说人物及写作技巧的全面认识；生物教学中，教师引导学生分析构成湿地生态系统的要素有哪些，进而经过调研，形成一套评价本地区湿地生态系统的指标，这些思维活动的核心都是分析。

辨别的意思是对不同的事物在认识上加以区别。所谓不同的事物，往往指的是有相对或相反特质的事物，如好与坏、优与劣、高与低、上与下、左与右、利与弊等。毛泽东在1925年发表的《中国社会各阶级的分析》中写道：

谁是我们的敌人？谁是我们的朋友？这个问题是革命的首要问题。中国过去一切革命斗争成效甚少，其基本原因就是因为不能团结真正的朋友，以攻击真正的敌人。革命党是群众的向导，在革命中未有革命党领错了路而革命不失败的。我们的革命要有不领错路和一定成功的把握，不可不注意团结我们的真正的朋友，以攻击我们的真正的敌人。我们要分辨真正的敌友，不可不将中国社会各阶级的经济地位及其对于革命的态度，作一个大概的分析。

"谁是我们的敌人？谁是我们的朋友？"这不就是典型的需要通过辨别才能回答的问题吗？毛泽东在文章中通过缜密的论述，辨别出中国社会的六个阶层,包括地主阶级和买办阶级、中产阶级、小资产阶级、半无产阶级、无产阶级、游民无产者。只有对不同的阶级进行准确的辨别,才能澄清真正的朋友与敌人并团结之或攻击之,毛泽东将其称为革命的首要问题,其重要性可见一斑。

分析与辨别的关系非常密切,可以认为辨别是一种强调定性的分析,或者说是在分析的基础上对事物或现象的定性。我们来看毛泽东对小资产阶级中的自耕农和手工业主的分析:

> 小资产阶级。如自耕农,手工业主,小知识阶层——学生界、中小学教员、小员司、小事务员、小律师、小商人等都属于这一类。这一个阶级,在人数上,在阶级性上,都值得大大注意。自耕农和手工业主所经营的,都是小生产的经济。这个小资产阶级内的各阶层虽然同处在小资产阶级经济地位,但有三个不同的部分。第一部分是有余钱剩米的,……这种人发财观念极重,对赵公元帅礼拜最勤,虽不妄想发大财,却总想爬上中产阶级地位。他们看见那些受人尊敬的小财东,往往垂着一尺长的涎水。……对于革命取怀疑的态度。这一部分人在小资产阶级中占少数,是小资产阶级的右翼。第二部分是在经济上大体上可以自给的。这一部分人比较第一部分人大不相同,他们也想发财,但是赵公元帅总不让他们发财,……他们有点骂人了,骂洋人叫"洋鬼子",骂军阀叫"抢钱司令",骂土豪劣绅叫"为富不仁"。对于反帝国主义反军阀的运动,仅怀疑其未必成功(理由是:洋人和军阀的来头那么大),不肯贸然参加,取了中立的态度,但是绝不反对革命。这一部分人数甚多,大概占小资产阶级的一半。第三部分是生活下降的。这一部分人好些大概原先是所谓殷实人家,渐渐变得仅仅可以保住,……

"瞻念前途，不寒而栗"。这种人在精神上感觉的痛苦很大，因为他们有一个从前和现在相反的比较。这种人在革命运动中颇要紧，是一个数量不小的群众，是小资产阶级的左翼。

毛泽东对小资产阶级进行了更深入的分析，指出其成分并细致、精准地勾勒出自耕农、手工业主和小知识阶层的画像，呈现了这一群体的三个部分所对应的三种性质的子阶层：对革命持怀疑态度的右翼、对革命运动持中立态度的群体、革命运动中的左翼。这既可以说是分析，也可以说是辨别。

典型问题及任务

- 构成××的关键要素有哪些？它们的性质和作用是怎样的？
- ××为什么能取得这场战争的胜利？
- ××在系统中起到了怎样的作用？它与××的关系是怎样的？
- ××改革未能成功的关键原因有哪些？为什么？
- 根据调研收集的材料撰写一份报告。

（二）高阶过程

1. 权衡与选择

想象一下，一只羚羊正在吃草，突然发现远方有一头狮子，此时羚羊有三个选择：一是立即逃跑，二是躲起来，三是静观其变，它最终要根据情势作出选择，这即是一个权衡的过程。从思维的角度看，权衡的含义是"评量，比较"，其目的是作决策，就像羚羊要决定怎么做一样。对人类而言，权衡同样是有最高等级重要性的思维过程，因为个体几乎每时每刻都会面对多重选择，都要进行权衡并作出决策。具体而言，权衡指向三个方面：

第一，价值判断。基于个体的需求，我们会对不同选择的价值进行判断，也就是上述权衡定义中的"评量"之义。孟子有言："鱼，我所欲也；熊掌，亦我所欲也。二者不可得兼，舍鱼而取熊掌者也。生，亦我所欲也；义，亦我所欲也。二者不可得兼，舍生而取义者也。"孟子此言即表现了典型的基于价值判断的权衡。

第二，可行性评估。解决问题时可能有多个方案，人们需要通过权衡评估这些方案的可行性。这样的评估包括手段与目的的匹配性、需要的条件是否具备、方案实施的难度等。

第三，利弊分析。很多时候解决问题或面临抉择时会出现有得有失、有收获也要付出代价的情况，对此要通过权衡进行利弊分析。例如，某人大学毕业找工作，同时得到了几份工作机会，此时他就需要在权衡利弊的基础上作出选择。再如，计算某项生产的投入产出比也是利弊分析。

前文对"假设与验证"的分析中我们提到，多种可能性的存在是形成假设的基础，也体现了假设的必要性，而权衡可以说是在假设基础上进一步的思维过程，即对多个假设进行价值判断、可行性和利弊分析。我们来看《义务教育教科书·历史·八年级·下册》"抗美援朝"中的内容：

1950年6月25日，朝鲜内战爆发。美国政府作出武装干涉朝鲜内战的决定，并派遣第七舰队侵入台湾海峡。美国还操纵联合国安理会通过决议，组成以美国军队为主的"联合国军"，扩大侵朝战争。1950年10月初，美军不顾中国政府一再警告，悍然越过三八线，把战火烧到中朝边境。侵朝美军飞机多次轰炸中国东北边境地区，给人民生命财产造成严重损失，我国安全面临严重威胁。1950年10月，应朝鲜党和政府请求，中国党和政府决定入朝作战。毛泽东派遣以彭德怀为司令员兼政治委员的中国人民志愿军开赴朝鲜战场，抗美援朝，保家卫国，与朝鲜军民并肩作战。

"决定入朝作战"，这是选择的结果，一个多么重大的选择！毛泽东在《中国人民志愿军应当和必须入朝参战》中说："我们不出兵让敌人压至鸭绿江边，国内国际反动气焰增高，则对各方都不利，首先是对东北更不利，整个东北边防军将被吸住，南满电力将被控制。……总之，我们认为应当参战，必须参战。参战利益极大，不参战损害极大。"这可谓阐明了选择"入朝作战"的理由，其中有利弊分析也有价值判断。

权衡就像在天平置放多个砝码，砝码大小不同，其重量也不一样。这就是说，人们在权衡时，有些因素的重要程度更高，人们在作出选择时会对其更加重视，这些因素对于最终的选择有更大的影响。我们将这种现象称为权重，它指某一因素或指标在权衡、选择时的相对重要性。

例如，学生在考大学填报志愿时，就需要基于很多因素进行权衡，如城市、气候、专业兴趣、学习难度、就业、保研率、生活成本、学校环境等，这些因素的权重很有可能是不同的。如果某个因素具有绝对重要的地位，就会触发人们的"底线思维"，即在权衡、选择时因此因素而"一票否决"或"一票赞成"。例如，小王报志愿时毫不犹豫弃选了家长推荐的A校，因为该校离家太近，这是让小王"一票否决"的因素；小王最终选择了家长反对的 B 校，因为 B 校是他的偶像——一位科技报国的教授——所在的学校，而这个因素对其而言具有最高程度的重要性。

> **典型问题及任务**
>
> - 在 ×× 条件下用哪种滑轮系统更好？为什么？
> - 这几种对 ×× 的描述方式你会选择哪一种？为什么？
> - 这种情况下你会选择哪种方案？为什么？
> - 如果是你面对这样的情况，你会作何选择？
> - 选择 ×× 可能的副作用或代价是什么？为什么？
> - 促使 ×× 作出这个决定的关键因素有哪些？
> - 为什么 ×× 因素对我们作出决定非常重要？

2. 等效与转化

初中物理教学中有一个实验：测定单摆的周期及其影响因素。该实验有一个重要的实验条件即摆角不能大于 5°，因为只有满足这个条件，才能将单摆运动近似等效于简谐振动——物体在与位移成正比的恢复力作用下，在其平衡位置附近按正弦规律作往复运动。弹簧被外力拉伸或压缩，取消外力后所做的运动就是简谐振动。基于这样的等效，我们可以利用简谐振动的相关公式计算单摆的周期。此例中的关键思维过程就是等效与转化。

再来看一个有趣的运用等效与转化思维解决问题的例子：小楠 8 点从山脚下爬山，17 点到了山顶，他在山顶住了一晚；第二天 9 点开始下山，并于 16 点 30 分到了山脚。那么，在山路上（A. 不存在；B. 可能存在；C. 必然存在）一个地点，小楠在上、下山的同一时间（如第一天上山的 12 点和第二天下山的 12 点）出现在

第二章 思维的目的、分类及过程　155

该地点。很多学生看到这个问题，开始考虑路程、速度、时间，这样是肯定无法得到答案的。我们可将题目描述的情境进行等效化处理，即将小楠两天的活动"重叠"在一天，这样就可以设想小楠A和小楠B，分别在8点和9点开始上山和下山，他们"必然"会在山路上的某一点"相遇"。因此，这道题的答案是C。

等效与转化是常用的思维方法，在数学、物理等学科中有着极为广泛的应用，其价值在于：保持事物本质特征不变的情况下，将新异现象、情境转化为人们熟知的现象、情境，进而运用已有知识解释现象或解决问题。事实上，等效与转化思维在日常生活中比比皆是，当我们表达"这相当于××""和××类似""实质上就是××"时，其核心就是等效与转化思维。

等效与转化体现了思维的灵活性，个体因此而懂得变通、能够变通，我们非常熟悉的成语"另辟蹊径""殊途同归"，以及谚语"树挪死人挪活""条条大路通罗马"都说明了思维灵活性的价值。

调动学生等效与转化思维的基本形式是："你认为××和××等效/一样吗？"例如，小王每天应服用一片降血脂的药，剂量是10毫克，可是这次买药时只有20毫克剂量的了。店员跟他说，你两天服用一片20毫克的和你每天服用一片10毫克的效果是一样的。我们可以问学生，这两种服药的方法等效吗？如果小王把20毫克的药掰成两半，每天服用半片，这个方案怎么样？在现实生活和学科教学中有很多这样的场景，需要学生对不同选择进行研判——两个或多个方案是否等效？原因是什么？正是基于这样的训练，学生的等效与转化思维得以不断增强及优化。

典型问题及任务

- 这两个方案是否等效？为什么？
- 这个问题是否可以转化为我们以前学过的××？为什么？
- 将××转化为××合理吗？为什么？
- 这个××变换是如何推导出来的？其意义和价值是什么？
- 为什么在××条件下才能得到××结论？

3. 搜证与实验

众所周知，如果要做研究、写论文，一定要参考大量优质的文献资料，这本质上是为自己的研究和写作搜集证据——搜证。搜证是人类的思维本能，婴儿面对陌生的事物和环境，往往会主动观察周围的人如妈妈的反应，以此判断自己应采取怎样的行动，这实际上就是在搜证基础上的决策。例如，婴儿第一次看到冒着热气的面条，会迷惑地看妈妈，这时妈妈夹起面条，边吹气边尝了一小口，向孩子露出满意的笑容并轻声说，"真好吃"，此时把面条喂到孩子嘴边，婴儿就会"放心"地尝尝面条的味道。

搜证在人们的日常生活中普遍存在，例如，网络购物时会看看已购买该商品的消费者对它的评价，去某地旅游前会查阅该地的旅游攻略，填写高考志愿时会查证往年的录取分数线、就业及保研率、学校的社会美誉度等，所有这些都是典型的搜证。

学生学习的很多内容要建立在搜证的基础上，例如，对某段历史的性质、意义的判断必然要以充分的历史事实为基础。我们来看《普通高中教科书·历史·必修·中外历史纲要》中有关"两税法"的内容。对于"两税法"的历史意义，教材是这么说的："两税法简化税收名目，扩大收税对象，保证国家的财政收入。它'惟以资产为宗，不以丁身为本'，改变了自战国以来以人丁为主的赋税制度，减轻了政府对农民的人身控制。"这是对历史中一种财税制度的性质、意义的判断。为了支持此判断，教材呈现了一段"史料阅读"——《资治通鉴（卷226）》中两税法的实施背景：

> 唐初，赋敛之法曰租、庸、调，有田则有租，有身则有庸，有产则有调。玄宗之末，版籍浸坏，多非其实。及至德兵起，所在赋敛，迫趣取办，无复常准。赋敛之司增数而莫相统摄，各随意征科，自立色目，新故相仍，不知纪极。……至是，炎建议作两税法：先计州县每岁所应费用及上供之数而赋于人，量出以制入。户无主、客，以见居为簿；人无丁、中，以贫富为差；为行商者，在所州县税三十之一，使与居者均，无侥利。居人之税，秋、夏两征之。其租、庸、调、杂徭悉省。

这段背景史料就是证据，这样的证据对形成相关的历史认识与判断无疑非常重要。很多时候学生不能很好地理解所学知识，一个重要的原因就是对支撑这些知识的证据把握不足。此外，基于证据进行判断、概括、抽象，也是思维严密及富有逻辑——即"说话有根据""判断讲证据"——的表现。例如，"我们能从小说中的哪些内容判断××的性格特点？""哪些生活现象能说明这两个物理过程是互逆的？""此区域的生态失衡正在得到修复，你是如何得到这个结论的？"这些都是基于搜证进行思考和学习的典型例子。

实验是与搜证紧密相关的思维过程，搜证是实验的目的，实验是搜证的重要手段。实验思维是个体与生俱来的本能，儿童很多的玩耍活动本质上就是实验。例如，儿童在水池变换各种方式"玩水",这实际上就是在操作各种变量,将自己的肢体以不同方式作用于水池中的水,看看能产生怎样的效应。

再例如,孩子在游览区遇到金丝猴,妈妈告诉他可以摸摸猴子,可孩子往往不会贸然出手。他会远远地观望,看其他人如何与金丝猴互动以及猴子的反应,这就是我们上面提到的搜证。进而,他会离猴子更近一些,这实际上就是在做实验了,他在操作自变量——缩短与猴子之间的距离,同时观察猴子的反应——这是因变量。在确认安全后,他靠近猴子,摊开手掌,让猴子看到手掌上的花生,此时他必然会密切关注猴子的眼神及一举一动,即搜集各种信息、证据。猴子拿走孩子手中的花生,他克服内心的恐惧,感受猴子的手指与自己的手掌触碰的奇妙瞬间。孩子进一步做实验,他慢慢伸出手,用指尖轻轻触碰了一下猴子的毛发,他发现猴子对此"不为所动",仍然在专心地吃花生。终于,孩子能够抚摸猴子的毛发并感受猴子可爱的目光和动作回应。由此可见,由于有了所谓"变量"的操作,实验成为主动进行搜证的过程。

下面我们来看一个基于实验思维的小学数学教学案例[①]:

核心素养	实验内容	实验目标	内容领域	适用年级
数学抽象	操作数字天平	理解等号,构建等式,渗透动态平衡思想。	数量与运算	一
	称出流失的时间	借助沙漏测量时间,在时间与质量之间建立定量关系。	模式与关系	三

---

① 参见吴恢銮编:《数学实验王》,浙江少年儿童出版社2022年版。

续表

核心素养	实验内容	实验目标	内容领域	适用年级
数学运算	100的"变形记"	基于加减乘除四种运算表征100的切分与组合。	数量与运算	二
数学运算	探索"数字黑洞"	探索"数字黑洞",培养运算能力,发展数感。	数量与运算	四
几何想象	像数学家一样快速给地图染色	利用"贪心算法"快速给地图着色,渗透"图论"思想。	拓扑与形状	二
几何想象	钉子板上"玩"面积	根据钉子板的格点特点,通过想象与验证,分割与相补,发展转化思想与空间观念。	图形与测量	四
数据分析	我花了父母多少钱呢?	经历数据的产生、收集与统计分析过程。	统计与分析	三
数据分析	用红豆测量树叶面积	通过观察随机现象和以中间值为中心的集中趋势,渗透随机思想。	概率与统计	五
数学建模	蜗牛爬得有多快	发明用"八卦图"对比测量各种蜗牛爬行速度,建立科学测量模型。	图形与测量	三
数学建模	优化从断桥到雷峰塔的路线	运用模糊数学原理评价各条路的优劣程度,渗透模糊数学思想。	模式与关系	六
推理论证	为什么人民币只有1元、2元、5元呢?	通过实验发现只要用1元、2元、5元的纸币就能完成所有金额的支付。	数量与运算	二

由此例可见,数学教学是可以借助实验开展的,这对提升学生思维的主动性、活跃度很有意义。总的说来,无论哪个学科的教学,只要其中存在着相互关联、相互作用的因素,就可以引导学生

介入实验思维，藉此更深刻地理解学科知识。物理、化学、生物学科中有大量的实验。以"社会实验"为关键词进行搜索，会发现社会科学中也存在大量的实验，社会就是人们的实验对象，其中存在复杂的、相互关联的变量，人们操作这些变量以探索社会改进的模式。即使是艺术学科的学习，其中也有涉及实验思维的内容。例如，语文教学中，面对一处景物，教师可让学生尝试两种不同的描写方法，进而感受、评价哪种方法表达情感的效果更好。同样，美术、音乐学科中也有多种多样的表现技法，这些都可以看作是变量，以实验的方式操作这些变量，观察体会相应的艺术表达会有怎样的变化。

典型问题及任务

- 阅读这些资料，判断××方法是否适用于完成××任务，为什么？
- 搜集并阅读有关××问题的关键资料，评述其主要事实和观点。
- 尝试调整××的相关参数，观察会产生怎样的效应。
- 尝试用不同的方法对××进行刻画，比较和评价这些方法的效果。
- 为了改变这个社区××方面的状况，你会进行怎样的尝试？基于这些尝试撰写一个行动方案。

4. A、B面思维

"横看成岭侧成峰""失之桑榆收之东隅""塞翁失马焉知非福""人之蜜糖我之砒霜"，这些说法都是我们耳熟能详的，它们均说明了一个重要的道理：事物有 A、B 两面乃至多面，能够发现事物的多个面向并对其进行审视是一种重要的思维过程。

我们来看一则故事。

一个农夫每日在田间劳作，感到非常辛苦。他每天去田里都要经过一座庙，看到一个和尚经常坐在树荫下，悠然摇着蒲扇纳凉。有一天他告诉妻子，想到庙里做和尚，妻子没有反对，只是说："我明天开始和你一起到田里，学习做农活，你离家后这些田地不至于荒废。"从此，两人早上同出，晚上同归，中午妻子提早回家做了饭菜送到田头。时间过得很快，农活做完了，妻子亲自把丈夫送到庙里。二人向庙里的和尚说明了来意，和尚听了非常诧异，他说："我每日看你俩早同出，晚同归，在田头同吃，有说有笑，恩恩爱爱。我非常羡慕你们，已经想要还俗了，你反而来做和尚？"

这个故事既是A、B面思维，也是转换视角、换位思考的体现。转换视角、换位思考强调的是理解他人的处境和立场，而A、B面思维强调的是从不同的角度审视同一个事物。这个故事带给我们的启发很重要，它说明并不是每一个人都有意识、有能力对一个事物"横看""侧看"，很多时候人们会陷入思维的固化、狭隘，只看到事物的一面或表面，而未能看到另一面或"里面"。

对学生而言，A、B面思维是一种需要培养的重要的思维过程。我们在第一章辟专节分析了"辩证——思维的框架"，其中提到了思维的系统观、发展观、矛盾观，其关键是世界上的所有事物和现象都是普遍联系、发展变化、对立统一的。举例而言，我们夜晚抬头看月亮，它的位置、形状、可见度、明亮度与诸多因素——如环境亮度、月亮与太阳及地球的相对位置、云层的厚度、空气透明度——相关，由于这些因素都在不断变化，月亮的形状、可见度、明亮度也随之不断变化，千百年来人们在每一时刻看到的月亮都是不同的。这意味着月亮存在无穷多的面向，其中就有对比鲜明甚至对立的 A、B 面，如正面—背面、月圆—月缺、明亮—晦暗、上弦月—下弦月，等等。由此可见，如果我们想要真正认识某一事物，就要认识其多个面向包括 A、B 面。

事物、现象在发生和发展过程中表现出不同的特点、性质，这是其呈现多面及 A、B 面的关键原因。例如，药物治疗疾病的同时产生副作用，植物成熟的同时开始衰败，人们得到此物的同时失去了彼物，等等。教育教学中也有大量的学习内容需要 A、B 面思维的介入，例如，语文教学中理解小说中人物性格的 A、B 面，前者对人物的影响是积极的，后者对人物的影响是消极的，即所谓的"成也萧何败也萧何"；英语教学中认识某种西方文化的 A、B 面，即它既有可能对社会形成积极影响，也有可能形成消极影响；物理教学中如果三个变量的关系是 $G=F \cdot S$，在 G 一定的情况下，F 和 S 可以看作是 A、B 面的关系，如做同样的功的情况下，想要少出力就要以增加行程为代价。

毛泽东在 1930 年写给林彪一封信，信中批评了林彪及党内一些同志对时局的悲观思想，在收入《毛泽东选集》时这封信改作题为《星星之火，可以燎原》的文章。毛泽东在文章中指出，有些同志错误思想的来源，是没有把中国是一个许多帝国主义国家互相争夺的半殖民地这件事看清楚。毛泽东写道：

> 既然国际上帝国主义相互之间、帝国主义和殖民地之间、帝国主义和它们本国的无产阶级之间的矛盾是发展了，帝国主义争夺中国的需要就更迫切了。帝国主义争夺中国一迫切，帝国主义和整个

中国的矛盾，帝国主义者相互间的矛盾，就同时在中国境内发展起来，因此就造成中国各派反动统治者之间的一天天扩大、一天天激烈的混战，中国各派反动统治者之间的矛盾，就日益发展起来。伴随各派反动统治者之间的矛盾——军阀混战而来的，是赋税的加重，这样就会促令广大的负担赋税者和反动统治者之间的矛盾日益发展。伴随着帝国主义和中国民族工业的矛盾而来的，是中国民族工业得不到帝国主义的让步的事实，这就发展了中国资产阶级和中国工人阶级之间的矛盾，中国资本家从拼命压榨工人找出路，中国工人则给以抵抗。伴随着帝国主义的商品侵略、中国商业资本的剥蚀和政府的赋税加重等项情况，便使地主阶级和农民的矛盾更加深刻化，即地租和高利贷的剥削更加重了，农民则更加仇恨地主。因为外货的压迫、广大工农群众购买力的枯竭和政府赋税的加重，使得国货商人和独立生产者日益走上破产的道路。因为反动政府在粮饷不足的条件之下无限制地增加军队，并因此而使战争一天多于一天，使得士兵群众经常处在困苦的环境之中。因为国家的赋税加重，地主的租息加重和战祸的日广一日，造成了普遍于全国的灾荒和匪祸，使得广大的农民和城市贫民走上求生不得的道路。因为无钱开学，许多在学学生有失学之忧；因为生产落后，许多毕业学生无就业之望。

军阀之间、帝国主义者之间、帝国主义与军阀之间，存在尖锐的、不可调和的矛盾，这些矛盾一方面使它们加强对中国人民的剥削、伤害，从而激起人民更强烈的反抗，另一方面它们之间的矛盾也形成了彼此的掣肘，削弱了各自的实力，从而扩大了革命运动的空间。基于此，毛泽东在文章中总结道："如果我们认识了以上这些矛盾，就知道中国是处在怎样一种皇皇不可终日的局面之下，处在怎样一种混乱状态之下。就知道反帝反军阀反地主的革命高潮，是怎样不可避免，而且是很快会要到来。"正如恩格斯所说："没有哪一次巨大的历史灾难不是以历史的进步为补偿的。"[①]帝国主义的侵略和军阀混战是历史灾难，是中国新民主主义革命的敌人，这是它的 A 面；但特定情境中它有 B 面——起到了"促进"革命壮大乃至成功的作用。

总之，教学中要加强学生 A、B 面思维的敏感性，强化对事物 A、B 面进行探索的好奇心。就像所有人都只见过月亮的正面，没有也不可能眼见月亮的背面，而这激发了人们探究的欲望。2024 年 6 月 2 日，中国的嫦娥六号探测器成功着陆月球背面，实现人类首次月背采样并于 6 月 25 日返回地球。与此相似，学生学习的诸多事物、现象很多时候以其一面示人，另一面有意无意地隐藏起来，需要学生基于敏感的意识和主动探究的精神去发现其另一面。

此外，很多时候人们不会也不应停留在对事物 A、B 面的认识，而是以此为基础进行方案选择或优化，如人们了解药物的副作用后就要权衡得失，做出是否服用此药的判断，或想办法减轻、应对副作用，这样的话就和我们在前面分析的"权衡与选择"的思维过程产生了关联。

典型问题及任务

- 选择××方案要付出的代价是什么？能对此进行优化吗？
- 分析小说中××性格的多面性，说明作者是怎样对此进行刻画的。

[①]《马克思恩格斯文集（第十卷）》，人民出版社 2009 年版，第 665 页。

- ×× 在什么条件下会表现出不同乃至相反的状态？
- ×× 因素对系统的影响是否有积极的一面？为什么？

5. 应用与一般化

我有一个鱼缸，每隔几天，我会搅动鱼缸的水使其旋转并形成旋涡，旋转停止后，金鱼的粪便就会集中在鱼缸底部的中心，我用吸管将其抽出，由此很方便地完成鱼缸的清洁。这种方法是四十年前我从表哥那里学来的，他当时用一个 1 米高的大水缸养鱼，就用此方法清理鱼便，给我留下了深刻的印象，多年后我也用这种方法来解决问题。这个案例中的典型思维过程就是应用——我将曾经看到的某种做法应用于相似情境以解决问题。

基础教育阶段，中小学生要学习大量知识和技能，某种意义上，这些知识技能就是完成任务、解决问题的工具和方法。学生在新情境中使用这些知识技能完成任务、解决问题，情境越"新"，应用的难度越大，越需要学生对习得的工具、方法进行改造。如果知识技能被应用于相同或相似的情境，这样的应用就是模仿、套用。例如，学生在数学课上学习了解决"追及问题"的应用题，课后所做的习题如果与课上的题目相同或相似，学生就可以套用课堂上学习的方法，这样的话就很难说其中涉及的思维是应用还是记忆。

再举一例，有人在电视上看到，某地种植户在夜晚用 LED 灯给火龙果补光以促进其生长。他将此方法照搬到自己的火龙果种植中，这可以看作是知识和技能的应用，但更准确地说这是思维含量较低的套用。如果该种植户能够发现自己要解决的问题的特殊性、新颖性，解决该问题就需要真正的应用思维的介入。例如，他种植的火龙果的品种、生长环境与电视上展示的不同，或者电视上播放的内容并未说明具体的光照时间和强度，或者他了解到果实不同生长期适合的光照频率是不同的——这些是果农面对的新情境，他就不能简单套用电视上介绍的方法，而需要通过查阅资料，尝试确定光照的时间、频谱、强度，这样的应用整合了不同层面的知识，对已有工具和方法进行了改造，因此就具有创新的性质了。

由此可见，应用可以说是一个具体化的过程，即"因地制宜"，根据特定的情境和条件对已有工具和方法进行选择、组合、改造，在此基础上解决特定的具体问题。与具体化相对的是一般化，它是应用的逆向思维过程，指发现超越具体情境的、更一般的解决问题的方法、模式、原理。一般化思维在数学学习中非常重要，也表现得很明显。英国开放大学数学教学中心主任梅森指出，一般化又称为普遍化，是数学思维的核心，同时也是解题的关键所在。[1]

例如，课堂上教师展现了"追及问题"的基本型：A 先出发，行走时速 6 公里/小时；A 走出 3 公里后 B 出发，行走时速 8 公里/小时，B 多长时间能追上 A？由此基本型可以产生很多变式，如：

- 不说 A 走出多远，而是说出发 1 小时后。
- 把 1 小时改为 1 小时 20 分。
- 转换成施工题，即 A 先施工，B 后施工，多长时间后 B 的进度能赶上 A。
- 转换成求效率的题，即 A 先施工，A 的工作效率已知，经过 x 天，B 追上了 A，求 B 的工作效率。
- 操场上 A、B 同时出发，操场周长已知，A、B 速度已知

---

[1] 刘卓雄：《数学教育研究新视野》，厦门大学出版社 2021 年版，第 103 页。

且B的速度比A快，求B多长时间能超过A一圈。

- 操场周长为400米，A、B速度已知且B的速度比A快，问1500米比赛中，B能否在A到终点前超过其一圈；如果不能，B的速度要提高到多少才可以超过？或者二人如果保持当前速度，在多长距离的比赛中B可以在A结束比赛前超其一圈？

我们会发现，解决所有这些具体问题存在一般化的方法：T=差值/（速度B-速度A），此方法有很高的概括性，适用于一类有特定共同特征的问题。因此，我们在启发学生的应用思维时，要跳出就事论事的思维限制，有意识地在特殊和一般之间形成往复和贯通，引导学生及时总结解决具体问题的方法，发现其中的一般原理和思路，从而提高应用知识技能解决问题的能力。

典型问题及任务

- 请利用我们学过的××方法解决此问题。
- 方法A和B都可以解决此问题，你认为哪个方法更好？为什么？
- 利用××方法可以解决哪一类问题？这类问题的典型特征是什么？
- 请查阅有关××方面的资料，找到解决××问题的方法。
- 如何对××方法进行修正以解决××问题？

6. 模式识别与表达

一个人下班进入家门，往往会表现出一套固定动作，如边对家人说"我回来了"边抱一下在门口迎接的小猫，换上拖鞋并把皮鞋放入鞋柜，自言自语也同时跟家人说，"好累，今天一堆杂事"，到洗手间洗手并在路过厨房时瞥一眼晚饭吃什么，洗完手后坐在阳台的小躺椅上欣赏并打理喜爱的花草……所有这些构成了此人的行为模式。模式是一种可识别的、重复出现的、具有特定结构或形式的事件、过程或对象。自然界中存在物种的生存模式，地区的天气模式，系统的能量转化模式；对个体而言，则存在学习、饮食、运动模式，人际交往模式，危机应对模式；在人类社会中则有文化传播模式、经济发展模式、企业盈利模式，等等。

模式识别这一思维过程非常重要。例如，二十四节气对中国人来说非常熟悉、非常亲切，它准确反映了自然节律变化，不仅是指导农耕的时间表，更是包含丰富民俗事象的文化系统。再如，历史周期律也是一种模式，作为执政党的中国共产党必须思考如何"跳出历史周期律"这一重大问题。历史周期律指的是在我国历史上出现的政权更迭、治乱兴衰、周而复始的现象。每个朝代初期往往政治清明，社会比较公平，中晚期各方面开始向坏的方向发展，恶化到民众无法忍耐的程度，社会就会出现动荡，旧王朝就会被推翻。如何跳出历史周期律？1945年，毛泽东在延安的窑洞中给出第一个答案——人民监督；2021年，习近平总书记在党的十九届六中全会第二次全体会议中给出第二个答案——自我革命。由此可见，模式识别的本质就是发现事物、现象的本质及其发生发展规律。学生学习的很多内容就是各种各样的模式——人们对事物、现象的本质及其发生发展规律的认识，在这个意义上，模式识别是理解所学知识重要的途径。

小学生做"找规律"的数学题就是模式识别的过程。例如，面对一系列的数字如1，3，6，10，15，M，28，36……要求学生回答M是多少。如果学生能说出M是21，说明他识别出了这一列数字的排列模式，也即数字之间的互动关系——后一个数值减去前一个数值的结果就是它的位置值，如 10-6=4，10 是第 4 个数，它的位置值是 4。事实上，所有学科中都有大量的模式需要学生学习、识别。例如，在计算机科学中有软件工程模式，指的是一种在给定上下文中解决特定问题的通用解决方案。在心理学中有行为模式，指的是个体或群体在特定情境下表现出的重复行为或反应。在统计学中有数据形态模式，指的是数据集中的规律或趋势。在生物学中有遗传模式，指的是遗传特征在不同代际之间传递的规律。在语言学中有语言模式，指的是语言中重复出现的结构，如句型、短语或修辞手法。在艺术创作领域也有艺术表现模式，指的是艺术作品中的重复元素或风格，如某个艺术家的标志性风格。

总之，模式显现某种形式的重复性或规律性，它可以帮助我们理解和预测事物的状态或发展，可以被用来指导设计、决策和行为。需要指出的是，很多模式存在一定的模糊性和不确定性，例如，"金九银十"是人们总结的楼市、车市的销售模式，在不同地区、不同年份可能会有不一致的表现。此模式的识别以"月"为尺度，人们不太可能明确其中每一天的表现会是怎样的，也不可能说 9 月 1 号"金九"一定或必须开始，10 月 31 号"银十"一定或必须结束。

与模式识别紧密关联的是模式表达，即用怎样的方式、形式表达事物或现象所蕴含的模式。我们来看一个例子：共享单车的座位高低是可调的，车座下的铁杆上标有身高数据，为骑行者调节座位提供参考，此刻度所表现的就是座高与身高关系的模式。那么，身高数据如何标定？也即座高与身高关系的模式是如何建立的？下面我们呈现一种基于数学方法的建模方式：在共享单车使用频率高的区域随机选取 12~25 岁（不足 12 岁的个体不允许骑共享单车，绝大部分个体身高于 25 岁停止增长）的男性和女性各 500 人，分别测试、记录其身高及合适的座位高度，然后将身高及座高分别标记在横、纵坐标上，于二者的交叉处描点，就会有 1000 个散点分布在平面上。这些散点应当形成一个纺锤形，利用最小二乘法做一条直线穿过这些散点（在所有穿过散点的直线中，各散点到此直线的竖直距离之和最小），这条直线的函数式 $y=kx+b$ 就是身高与座高关系的模式（也称为数学模型）的表达。基于这个数学模型，我们就可以在车座下面的铁杆上标记身高刻度。这是一个简单的数学建模的过程，而建模是数学学习中一个独立且重要的内容，通过数学建模可以刻画世界的样态、本质、变化规律以及事物之间的关系。

当然，模式的表达除了数学方法还有很多其他形式。例如，小王对小李说："你要是给他考核结论'不合格'，他肯定会'一哭二闹三上吊'！""一哭二闹三上吊"即是用形象的语言对个体行为模式的表达。此外，我们还可以用图形、表格、符号对模式进行表达。

需要指出的是，任何一种模式都是特定条件下的产物，都要受到各种条件的制约，具有特定功能的模式往往在某个条件区间才能显现，没有放之四海而皆准的绝对真理，也没有脱离具体条件而存在的模式，因此，我们在对模式进行观察和分析时必须介入条件化思考。例如，我们在不同的场合会"切换"不同的人际互动模式，即显示了特定条件对模式构建或表达的制约作用。再如，一个人面对别人的玩笑会以"幽默模式"予以应对，但如果玩笑过了头，他就有可能"翻脸"，此时"幽默模式"就不适用了。

最后要说明的是，我们在前面分析的"表征与定性"与这里分析的"模式识别与表达"有相似之处，前者强调对相对独立的、静态的事物或现象的认识，后者强调对事物或现象中元素关系及其发展变化规律的认识。

> **典型问题及任务**
>
> - 请观察××这一个时期的表现，描述其发展变化的模式。
> - ××的发展经验被称为"××模式"，对这一模式进行分析，说明实现此模式的条件有哪些。
> - ××现象在中国历史上反复出现，请分析此现象的本质及其发展变化的模式是怎样的。有没有可能阻止此现象的出现，为什么？
> - 请用数学方法建立××与××关系的模型。

7. 逆向与发散思维

像人们通常走大路偶尔也会走小路一样，人们的思维有时也会"不走寻常路"，即通过逆向与发散思维认识事物或解决问题。

中国台湾一位退役将军在电视直播时说，"一颗导弹击打某目标的命中率是70%，三颗导弹同时击打该目标的命中率是210%"。可以看出此人知识水平和思维素质实在太差。我们可以用逆向思维解决这个问题：一颗导弹"没有击中"的概率是30%，三颗导弹"没有击中"的概率就是 $0.3 \times 0.3 \times 0.3 = 0.027$，即2.7%，那么击中的概率就是97.3%。可以看到，这样的逆向思维很有趣也很有用。

钱学森在访谈中谈到一件往事："当时的导弹研究组有一个叫王永志的年轻人忽然跑来，说计算中发现一个问题，按照目前设计的推进剂用量，导弹打不到预定射程。按照一般的想法应当增加推进剂，王永志却说：'我算过了，要想打到预定距离，可以减少推进剂。'当时很多人听到这个都笑了，燃料减少还能打得更远？他们觉得王永志在胡说。后来我想了一下，我说这样是可能的，我说你的这个建议好极了。"一般情况下推进剂越多射程越远，但推进剂自身也是负荷的一部分，增加推进剂相当于增加了导弹的总重量，从而成为可能缩短导弹射程的一个因素，这不正体现了我们前面所分析的 A、B 面思维吗？即推进剂用量对导弹射程来说有积极的一面也有消极的一面。这意味着，导弹的射程与推进剂的量是一个函数关系，但不是一个单调递增函数，对特定的导弹而言，有一个最佳推进剂用量，它能让导弹飞得最远，或者飞到预定距离时推进剂刚好用完。因此，王永志所言非虚，在特定情况下减少推进剂用量有可能增加导弹射程。当然，找到这个最佳用量需要完善的建模和精密的计算。

我们在第一章分析了"思维的框架——辩证"，其中一个要点是"建立对立统一的矛盾观"。世界上所有事物或现象都蕴含着对立统一，其发展变化的根本是由矛盾双方力量的此消彼长造成的，如性质上的两极转换——软与硬、高与低等；结构位置上的互换和颠倒——上与下、左与右等；过程上的逆转——气态变液态或液态变气态、电转为磁或磁转为电，等等。常规思维往往只注意到事物或现象中矛盾的一个方面而忽视了另一个方面，或者只注意到矛盾转化的一个方向而忽视了另一个方向。逆向思维则是对传统、惯例、常识的反动，它能克服思维定势，破除由经验和习惯造成的僵化的认识模式。因此，逆向思维具有创新性，人们平时所说的"另辟蹊径""不走寻常路""反其道而行之"都具有逆向思维的特点。

发散思维又称求异思维，表现为个体的思维沿着不同的方向扩展，最终产生多种思路和想法。教学中常见的如"一题多解""一事多写""一物多用"等即是发散思维的典型表现。我们可以从以下几个方面训练、促进学生的发散思维：

- 材料发散法。以某个物品为"材料"，尽可能多地设想其用途。
- 功能发散法。从事物的功能出发，构想出获得该功能的各种可能性。
- 要素发散法。针对构成事物的要素，尽可能多地设想出利用这些要素的可能性。
- 形态发散法。尽可能多地设想出利用事物形态实现某种目的的可能性。
- 组合发散法。尽可能多地设想如何将多个事物进行组合以形成新事物或实现某种目的。
- 方法发散法。尽可能多地设想出利用某种方法实现特定目的的可能性。
- 因果发散法。基于事物发展的结果，尽可能多地设想其原因，或基于原因尽可能多地设想其结果。

总之，逆向和发散思维都打破了思维的常规及惯性，生发了多种多样的思维路径，这样看来，逆向思维也可以说是一种特殊的发散思维。

事实上，思维惯性是有正面价值的，它以自动化、程序化的方式帮助人们面对问题、解决问题，有效降低人们的思维负荷及心理能量的投入，就像老司机开车，整个过程几乎都是自动化的。学生在学习过程中做大量练习，由此形成认知的习惯和熟练，有助于学生迅速习得知识技能并应用于解决问题。但是，惯性、常规思维也有可能导致思维的僵化、固化，就像上面的例子中，即使是高级知识分子,也习惯性地认为导弹射程不足就只能增加推进剂。

因此,我们要通过培养学生的逆向和发散思维打破其思维定势,使其能够从不同的乃至全新的角度看问题,这对其创造性思维的形成无疑是非常重要的。同时,逆向与发散思维还是灵感的重要驱动,而灵感是创造性思维的重要表现,由逆向与发散思维激发的创造性很多时候以灵感的方式表现出来。灵感往往在不经意间出现,重要的是让学生保持积极的学习态度和学习热情,不断尝试新的方法。教师要对学生表现出的灵感足够敏感并给予积极反馈和引导,同时,要为学生创设激发灵感的条件,如发起头脑风暴、给予学生更多的知识铺垫。

> **典型问题及任务**
>
> ● 我们可以通过不增加××而减少××的方式达到目的吗?为什么?
> ● ××方案是基于逆向思维得到的,请对其进行解析。
> ● 解决此问题"反其道而行之"可行吗?为什么?
> ● 请基于要达成的目标制定多个可选的实施方案并对其进行利弊分析。
> ● 尽可能多地想象××的用途并对其进行说明。
> ● 对××小说进行续写,并构思多个可能且合理的续写内容。

8. 要素与框架思维

我们在生活中有"抓牛鼻子""打蛇打七寸""提纲挈领""纲举目张"等说法,其核心都是看问题、做事情要抓住关键和重点。举例而言,小华想用自己的玩具换小松的玩具,小华从各种角度夸自己的玩具有多好，小松听了半天只回了一句话："你的这个玩具我不喜欢。"小松的回答非常好！他很有主见，表现在思维上他能抓住事物的重点、要点，是否喜欢这个玩具是其做决断最重要的依据，而不是盲目接受他人基于各种理由的说服。

学生很多时候需要厘清学习内容的关键，即进行要素思考。这些关键内容包括历史中的重大转折，小说中的重要事件，生物中影响生态平衡的要素，化学中诱发化学反应的关键条件，等等。《义务教育教科书·历史·八年级·上册》第一课"鸦片战争"的课前提示："为什么说鸦片战争是中国近代史的开端？"这实际上就是要求学生进行要素思考，即"鸦片战争为何对中国近代史如此重要"？由此可见，这里所说的要素也可以看作是事物或现象的肯綮、重点，它们既有可能是事物或现象的重要构成元素，也有可能是事物或现象发生发展的关键。

要素思维符合思维辩证法的要求，可以藉此认识事物、现象的主要矛盾或矛盾的主要方面。如果说要素是认识事物、现象的关键"点"，框架则是从"面"上对事物、现象形成认识的关键。我在指导研究生写论文的过程中发现，能否构建一个好的写作框架极为重要，论文的目录即是写作框架的表现，一个有经验的论文阅读者也会首先关注论文的目录，藉此了解写作者的总体思路。生活中，小孩子在复述一件事时也会表现出框架思维，如要说哪几件事，先说什么后说什么，强调什么弱化什么，哪里详细哪里粗略，等等。任何有功能、有意义的认识对象都必然有结构也即框架，例如，生物体和人体、一处景观和一个生态系统、一辆汽车和一艘轮船、一栋建筑和一座桥梁都是有结构的，一个细菌乃至一个原子也是有结构的，一个家庭和一个社会依然是有结构的。

我们来看《义务教育课程实验教科书·化学·九年级·下册》"盐、化肥"一章的"讨论"部分：

迄今为止，在初中化学中，我们已经学习了关于空气、氧气、水、碳、二氧化碳、氧化铜、铁、铝、硫酸、氢氧化钠和氯化钠等一系列物质的知识。为便于记忆和进一步深入学习，可以按组成和性质对学过的物质进行整理和分类，例如：

1. 根据物质组成是否单一，可以把物质分成几类？
2. 在纯净物中，根据组成元素的异同，可以把它们分成几类？
3. 在单质中，可以按性质的差异把它们分成几类？
4. 在化合物中，可以按组成的差异把它们分成几类？

这即是典型的框架思维，在认识系统中各事物之间关联的基础上，理解构成事物的结构、框架。此内容后续的"方法导引"部分，教材介绍了在日常生活和科学研究中得到广泛应用的分类法，提醒学生运用分类法学习、研究化学物质，能够收到事半功倍的效果。进而，教材要求学生利用树状分类法对化学物质进行分类，从而将框架思维显性化。由此可见，组成事物的元素以特定的形式关联起来形成结构，这些关联显现了各元素在系统中的角色和价值，理解这些关联及由此形成的结构、框架对认识事物和现象无疑极为重要。

总之，要素思维和框架思维有着紧密的关联，二者共同构成了对事物、现象形成深刻认识与表达的基础。如果说要素思维体现了对事物主要矛盾和矛盾主要方面的聚焦，框架思维同样符合思维辩证法的要求，体现了全局观和对事物中各要素之间关联的聚焦。

典型问题及任务

- 构建写作提纲并进行讨论、修改。
- 组成××系统的要素是什么？请对此进行论证。
- 造成××这种局面的关键是什么？为什么？
- 使××发生转折的关键是什么？
- 用思维导图对××的内容进行呈现和梳理。

9. 反思与否定之否定

我们都知道微信朋友圈可以"点赞"，但为什么没有"点反对"或"点讨厌"？如果我们注册了某个自媒体，有了新"粉丝"会通知，但为什么不通知"被拉黑"？这样的思考即是典型的反思。我们都熟知"吃一堑长一智""失败是成功之母"的说法，人们能够从失败或挫折经验中吸取教训、获得成长，其背后的驱动就是人类特有的一种重要思维能力——反思。两个学生打完一盘电子游戏，会热烈地讨论得失，并计划下次如何改进，这不就是反思吗？事实上，个体可以对一切成功或失败的经验进行反思，这是个体及人类能够不断获得进步的基础。

反思是对过往经验的回顾和再认识，它指向相对独立又紧密关联的三个方面——事物的构成、发展过程、发展结果。例如，从汽车诞生的那天起，设计者、制造者就通过不断反思对其进行改进，包括构成——汽车部件、结构、材料；过程——汽车零部件制造及组装过程；结果——汽车的性能、质量、燃油效率、市场认可度。一般而言，人们会根据事物发展的结果进行反思，这也是反思的关键驱动，但是，要想取得结果的优化，也必须对事物的构成和形成过程进行反思。

否定之否定是哲学的基本规律之一，属于辩证唯物主义的范畴。否定之否定揭示了事物内在矛盾性和否定性的力量，推动事物从肯定状态转化为对立面，即否定状态，然后再从否定状态转化为新的肯定状态，即否定之否定。这个过程体现了事物发展的前进性和曲折性、上升性和回归性的统一。体现事物的发展不是直线式前进而是螺旋式上升的，呈现了一种周期的性质。

否定之否定是人类自身及人类社会能够不断发展的关键动力。一个人只要在发展、进步，就意味着今天的他在否定昨天的他，明天的他又会否定今天的他；同样，人类社会中的物质和精神产品也是不断的否定之否定的产物，藉此人们对社会和自然的认识越来越全面、越来越深刻。习近平总书记指出："35 年来，我们用改革的办法解决了党和国家事业发展中的一系列问题。同时，在认识世界和改造世界的过程中，旧的问题解决了，新的问题又会产生，制度总是需要不断完善，因而改革既不可能一蹴而就、也不可能一劳永逸。"[①] 这句话即是对人类社会发展必然经历否定之否定的概括。

需要强调的是，否定之否定中的"否定"不是消灭、摧毁，而是发展、修正、革新、优化。例如，刚出土的嫩芽是对种子的否定，长成的枝叶是对嫩芽的否定，花是对枝叶的否定，果实又是对花的否定。被否定的种子会破裂，嫩芽和枝叶会老去，花会凋零，果实会干裂，但这不能消灭它们曾经的存在及意义，它们完成了自己的"历史性任务"，为否定它们的新事物的生发奠定了基础。

中小学生学习的所有知识都是人类在历史长河中不断摸索和实践的结果，必然经历否定之否定的过程。教师在教学时，要引导学

---

① 《习近平谈治国理政》，外文出版社 2014 年版，第 74 页。

生关注知识发生发展的过程，理解其中否定之否定的思维活动，学会用历史的、发展的眼光看问题，从矛盾的建立、解决及矛盾的再建立、再解决的视角形成否定之否定的思维意识和思维方法。青少年思想不成熟，很多时候看问题比较片面、偏激，一个重要的原因就是未能把握否定之否定的思维方法。例如，学生会全盘否定一段历史，为此我们应引导学生理解这段历史的背景，分析其发生发展的条件及过程，理解其存在的必然性与合理性，看到其当时所具有的进步意义。

> **典型问题及任务**
> - 分析人们是如何对××系统一步步进行优化的。
> - 回顾、评价××的发生发展过程并提出改进建议。
> - 对这次综合实践活动写一个总结反思报告。
> - ××活动虽然失败了，但它在当时所具有的进步意义是什么？

10. 转换视角与换位思考

孟子说："人皆有不忍之心，……今人乍见孺子将入于井，皆有怵惕恻隐之心。"这是说，当人们看到一个小孩子要掉到井里，都会生发惊悚和哀痛之感。因为人们都有"不忍之心"，虽然不是自己掉到井里，但他人的遭遇会让自己感到恐惧和痛苦。从心理学的角度看，这是共情——也称为同理心——的作用，从思维的角度看，这是因为我们能站在他人的角度看问题，能换位思考，从而设身处地地理解他人的所思所感。

有段网络视频，一个四五岁的小孩跟小姨说："小姨，我们能点外卖吗？"小姨说："怎么啦？我做的饭不好吃吗？"孩子顿了一下说:"好吃是好吃,就是吞不下去。"这个孩子真棒!虽然从成年人的角度看,他掩饰得有漏洞,但他在努力尝试以一种"更好"的方式表达而不是"有话直说"。孩子的掩饰不就是以转换视角、换位思考——不想让付出辛苦的小姨失望、难堪——的思维能力为基础吗?哲学家斯宾诺莎说:"不要哭,不要笑,要理解。"哭和笑是个体真实的情绪反应,斯宾诺莎为什么说"不要哭,不要笑"呢?他是让人们跳出基于自我中心的认知局限,尝试对事物形成更深入的、真正的理解,而实现这样的理解很可能就需要转换视角、换位思考。

我们来看一则小故事。妻子炒菜时丈夫在她旁边一直唠叨:"慢些,小心!""火太大了,赶快把鱼翻过来""油放太多了!"妻子烦躁地说:"我天天炒菜,我知道怎么炒菜,不用你指手画脚。"丈夫说:"我只是要让你知道,我开车时你在旁边喋喋不休,我的感觉如何。"这不就是孔子所说的"己所不欲,勿施于人"吗?丈夫用"以其人之道还治其人之身"的方式巧妙地让妻子被迫进行换位思考,通过感同身受理解自己的情感与观点。

在教学中,学生学习的很多内容是他人的观点和感受,为此学生必须转换视角、换位思考才能真正理解这些内容。例如,学习一篇课文,我们要了解作者的背景,把握作者的写作意图,尤其要体会作者在特定的情境中表达了怎样的感情以及如何表达感情,这样才有可能真正形成情感共鸣。再如,理解历史事件,就要将视角转换到特定的历史背景中,基于换位思考理解那时人们的所思所想。

转换视角、换位思考还有一种变式——调整与认识对象的距离并对其进行观察——远观或近观。"不识庐山真面目,只缘身在此山中",如果我们想看清事物的全貌,就需要站得高一些、远一些。

例如，近观一面花墙，只能看到组成花墙的上千朵各色雏菊，远观才发现它们被排列为"庆祝国庆"四个字；"草色遥看近却无"，也典型地说明了远观和近观的效果是完全不同的；在景区旅游时，导游总会"远远地"指着一块巨石问游客"它像什么？"当然，"近观"也同样重要，它是指逼近事物或深入事物内部对其进行观察。例如，阅读《江村经济》就会发现，费孝通对中国农村进行了切近的观察和研究，就像观察显微镜下的一个切片，由此获得了有关中国农村的极为丰富、细致的信息。

需要指出的是，实际的思考往往是一个远近结合、不断变换的过程，就像看一幅画，既要远看其总体布局和结构，又要近看其色彩和笔触。

典型问题及任务

- 你认为××当时为什么要作出这个决定？还有其他更好的选择吗？
- 你能理解××的心情吗？为什么？
- 如果你处于××的境遇，你会怎么做？为什么？
- 回顾一百多年前的××改革，我们会作何评价？又会得到怎样的经验教训？
- 基于中国传统文化的立场，如何评价这个来自西方的审美理论？
- 深入××内部对其进行观察并撰写观察报告。
- 以不同的视角和远近欣赏这幅画，写下你的评价与感受。

11."最"思维与极限思维

习近平总书记接见第33届奥运会中国体育代表团全体成员时

说:"在巴黎奥运会上,你们团结一心、顽强拼搏、奋勇争先、不负使命,取得我国参加夏季奥运会境外参赛历史最好成绩。"所谓"最好成绩"是以金牌数而言的,中国代表团获得了40枚金牌。美国代表团在比赛的最后半天才追平了中国的金牌数,但美国网民宣称中美不是并列第一,因为美国的奖牌总数超过了中国,他们是"最强大"的。有趣的是,在比赛过程中,当美国代表团的金牌数超过中国时,美国网民就依据金牌总数排序,而当金牌数落后时,他们就以奖牌总数排序,无论如何都要排在"第一"。欧洲各国网友认为他们参赛人数少,因此将各国金牌加起来与中美抗衡以求拨得头筹;而澳大利亚网友则通过计算人均金牌数来获得"第一"的排位。所有这些都说明人们对"最好""最高""第一"的关注和期待,这就是"最"思维的体现。

"最"思维在教育行业也极为常见。高考后多个学校都会宣称自己的表现是"最好"的,当然,他们会用不同的统计方式来证明这一点。例如,有的学校统计考上顶尖大学的人数,有的学校统计考上985大学的人数,有的学校则统计"加工能力"——学生入校和毕业时统考排位的对比……

事实上,"最"思维体现在人类生活的方方面面,只要有比较、有排序的地方就会有"最"思维。个体在幼儿时期就会表现出明显的"最"思维,他们会表现出强烈的了解世界之"最"的欲望与好奇心,如什么事物"最大""最小""最高""最远""最快""最慢",等等。有时孩子还基于"最"思维表现出明显的攀比心理,例如,一个孩子说他有玩具,另一个孩子就说他有更好的玩具,每个孩子都力求占到上风,甚至为此虚构、撒谎。"最"思维的遗传学基础很可能是生存竞争。对动物而言,感觉更敏锐、移动更迅速、机体更强壮、斗志更旺盛意味着更大的生存和繁衍机会，这样的基因同样根植于人类个体中。

教学中有大量涉及"最"思维的知识与场景，如语文中的最美诗词，数学中的极（最大或最小）值，历史中最残酷的战争，化学中最活泼的金属，物理中物体脱离地球引力所需的最小速度，地理中最高的山峰与最深的海沟，生物中一个区域对某生物种群的最大承载量，等等。值得指出的是，"最"思维的意义不仅在于获得一些静态的知识，它指向了功能性的问题解决，这些问题包括："最××"之事物的表现是什么？有哪些效应？它何以为"最"？成为"最××"的条件及过程是怎样的？

与"最"思维紧密相关的是极限思维，或者说极限思维是"最"思维的一种特定形式。例如，一个孩子不断做出让父母反感的行为，而且该行为越来越"加码"，"在挨打的边缘反复试探"，孩子这么做实际上是在确认将父母彻底激怒的极限是什么。

极限思维在相当程度上由好奇心驱动，例如，人们竟然会举办慢骑自行车的比赛，看谁能在脚不触地的情况下以"最长"的时间到达终点，这样的活动似乎没有任何功用，纯粹出于人的好奇心。有好奇心、爱思考的孩子会提出很多"求极限"的问题。例如，一个氢气球飞向天空，孩子会问：它能飞到哪里？这实际上是在问气球上升高度的极限。我们可以回答他：这取决于气球的结实程度。飞得越高，周围的空气越稀薄，气压越低，气球就会膨胀得越大，到达极限时气球就会破裂。孩子可能追问：如果气球特别结实，是不是就能一直往高处飞？我们可以回答孩子：不会的，因为气球能上升是因为它受到空气的浮力，随着高度增加空气变稀薄，相应的浮力也会越来越小，到了某个高度气球受到的重力与浮力平衡时，它就停在那个高度了。

我们来看一个教学中应用极限思维的例子。"周长一定时，所有矩形中什么图形面积最大？"解决此问题可采用极限思维——矩形中有一个"极限图形"即正方形，因为其长与宽的差值最小（是0），是一个极限值。假设一个正方形的边长是10，其面积是100，如果使其形状向另一个极端变化，即长与宽的差值越来越大，我们看其面积会怎样变化。让正方形的两条对边边长分别加1，另两条对边边长分别减1，形成一个11×9的矩形，其周长不变，但其面积变为99；加大矩形长与宽的差值，变成12×8的矩形，面积变为96，继续这样操作，面积将依次变为13×7=91，14×6=84，15×5=75，……根据这个变化规律，我们会发现周长一定时，矩形的长与宽的差值越大，其形状越细长，面积就越小，而且递减的幅度越来越大。这是利用不完全归纳法得到结论，我们也可以用演绎法解决此问题：假设正方形的边长是 a，其面积是 a^2，等周长的矩形的长与宽分别为（$a+n$）和（$a-n$），其面积则为 a^2-n^2。因此，n 越小面积越大，$n=0$ 时面积最大，即周长一定时越接近正方形，面积就越大。由此可见，极限思维中关注事物发展变化的过程非常重要，从中我们能够发现事物演进的规律，这对理解其状态和本质很有价值。此外，这个例子还体现了极限思维的条件化思考——"如果……则……"，我们需要将"如果"这个条件不断推向极限，并观察这个过程中事物的发展变化。

"最"思维与极限思维还会发生于有情感、价值观介入的领域。一个孩子说："我的妈妈是世界上最好的妈妈！"人们会为之感动，而不会问他："你评价妈妈的标准是什么，她的'得分'为什么比世界上所有妈妈都高？"我们知道孩子认定的这个"最好"肯定有客观依据，同时也有一定的主观性，还有相对性，即"对我而言"妈妈是最好的。同样，"昔我往矣，杨柳依依；今我来思，雨雪霏霏"被誉为《诗经》中"最美"的诗句，类似的"最"认定还有很多，如最佳唐诗、最佳宋词、最佳五言、最佳七言、最佳写月，等等，我们应认识到这些"最"思维不同于自然科学中纯客观的计量，有主观性和相对性，有情感和价值观的介入，面对这样的"最"思维，我们应把重点放在澄清评价者"何出此言"，理解认知对象在特定情境中所具有的优异的、与众不同的特质。

> **典型问题及任务**
>
> - ××在什么条件下有最大/最小值？
> - 如何计算××的最大/最小值？
> - ××是否存在极限？如果存在，这是一种怎样的状态？
> - ××如果出现最坏的情况，我们该如何应对？
> - ××被评价为"最佳"，你认为有道理吗？为什么？

12. 估计、预测与趋势分析

我们如果要骑电动车去一个较远的地方，一定会看看它的电量还有多少，据此估计是否能跑一个来回。生活中类似这样需要估计的场景实在太多了，估计的内容包括数量、重量、时间、空间、路程、花费等。与估计紧密相关的心理过程是预测，它是指人们利用已有的知识和经验，预先推知和判断事物未来发展状况的一种思维活动。估计的一个重要目的就是预测，二者具有密切关联，甚至是一体的，如估计电动车还能跑多远，也可以说预测它能跑多远。

趋势分析也是一种预测，更强调关注认知对象的发展过程及总体发展状况。举例而言，一个县域内有 30 个乡镇接受了扶贫，将每个乡镇扶贫资金的多少标记在横坐标上，将扶贫前后乡镇生产总值的增量标记在纵坐标上，在横纵坐标交叉处描点，就会形成 30 个散点。观察这些散点，如果它们呈现纺锤形（又称为梭形，两端尖细、中间宽阔膨凸的形状），就说明扶贫资金投入与乡镇生产总值的增长呈正相关，纺锤形越纤细，总体形态越接近 45°线，说明二者的相关程度越高。基于对这些散点分布样态的观察，我们可以从总体上把握事物发展变化的趋势，并且预测未来的发展状况，如预测进一步增加扶贫资金乡镇生产总值会怎样变化。

估计、预测与趋势分析非常重要，人们藉此判断认知对象的发展过程及结果，从而极大提高人类活动的可靠性及有效性。小到日常生活、大到国计民生，都需要估计、预测与趋势分析。例如，任何一项工程项目都需要可行性评估，其本质也是对未来的生产、建设的关键要素进行评估与预测；很多社会活动有预案，即对可能的突发事件的处置方案，其核心思维过程就是估计、预测与趋势分析。国学名家叶曼（1914—2017）女士在 2008 年的一次讲座中说：

中国强起来，世界上没有任何国家能比。最晚最晚到 2020 年——我那时候早已经死掉了，你们都还活着——你们看看那时候中国什么样子。回想今天我们大家在一起，聚在一起所谈的这些问题，不是我为中国吹牛，只要给我们平安，只要给我们安定，中国不得了。

中央电视台主持人撒贝宁 2012 年在某大学的一次演讲中谈到，

如果能够把带宽的问题彻底解决，移动终端会发生大改变。他说：

比如说你现在拿着手机就可以直播我的演讲，有一天如果技术到这个程度，看电视干吗，我们每个人都是记者，每个人都是播音员，每个人都是主持人，……路上撞车打起来，我马上就跟出去开始直播："观众朋友，观众朋友，我现在是在北京长安街西段，这个地方刚刚发生了一起车祸，两个人打起来了……"我不知道现在技术到什么程度了，也许用不了多久。

这两段话就是典型的、高水平的估计、预测与趋势分析，这些思维过程与一个人的思维水平、洞察力、见识等密切相关。这提醒我们，要在教学和测评中对学生估计、预测与趋势分析的思维能力给予关注。例如，语文教学中，让学生预测小说中人物的情感、行为、命运；数学教学中，让学生根据观测数据建立数学模型，据此把握认知对象的发展变化趋势；地理教学中，让学生基于对某地的调研预测其未来地貌的演化；历史教学中，让学生"回到过去"，预测在某种条件下的历史走向……

我们来看一个生物教学的例子，《普通高中教科书·高中·生物学·选择性必修2》的"群落的演替"中有一段资料：

1883年8月，印度尼西亚喀拉喀托火山爆发，岩浆滚滚而出，所到之处生物全部死亡，成了一片裸地。几年后，地面上长出了小草，出现了一种蜘蛛。到1909年，有202种动物在这块新的土地上生活。1919年动物增加到621种，1934年增加到880种。在此期间，植物逐渐繁茂起来，形成了小树林。讨论：①生物是如何一步步地定居在新土地上的？②这一地区有可能恢复原来群落的结构吗？

"这一地区有可能恢复原来群落的结构吗?"这是典型的需要估计、预测与趋势分析的问题。正如教材编者所说:"在自然界,群落的演替是普遍现象,而且有一定的规律,人类掌握了这些规律就能根据现有情况,预测群落的未来,从而正确掌握群落的动向,使之朝着对人类有益的方向发展。"教材呈现了更多的事实性资料:岩浆覆盖的区域几年后长出了小草,小动物逐渐来这里定居,后来这里又长出了树木,形成了树林。教材进而提出了"群落演替"的概念——随着时间的推移,一个群落被另一个群落代替的过程。光裸的岩地上长出森林就是一个漫长的演替过程,大致要经历这样几个阶段:裸岩阶段—地衣阶段—灌木阶段—草本植物阶段—苔藓阶段。此例显示,估计、预测与趋势分析朝向未来,聚焦动态,有不确定性,但它绝不是盲目的猜测,而是基于已有的经验、事实、理论进行的理性思考。可以想见,我们的知识和经验越丰富,所做出的估计、预测与趋势分析的有效性及合理性就越高。

最后要指出的是,估计与预测中有一个相对独立的内容——对现象发生概率的估计与预测,比如天气预报预测未来某个时刻降雨的概率。我们在生活中经常会进行概率估测,例如,很多人买彩票时选数字会进行概率估测;有时我们会说"这事八九不离十了",也是对概率的估测。对概率进行估测可以看作是量化的估计、预测,也是中小学生数学学习的一项重要内容。

典型问题及任务

- 根据已有信息,你估计××的最大值能达到多少?为什么?
- 这份材料对××的趋势分析你是否同意?为什么?

- 你认为对××的发展变化有重要影响的因素是什么?为什么?
- 请对××的发展状况进行预测,并说明预测的依据。
- 你估计××出现的概率是多少?为什么?

第三章

思维素养的测评

思维素养的测评非常重要，原因有三：第一，当前强调教、学、评一体化，思维素养的培养和测评也应是一体的，我们需要根据测评结果澄清学生思维素养的状况，并据此对思维培养的目标和过程进行优化。第二，思维素养的培养和测评相辅相成、相互促进，就像体育训练中的以赛代练，高质量的思维素养测评也能促进学生的思维发展。第三，思维素养的测评具有明确的导向作用，有必要通过优化思维测评为教育教学提供正确的导向。

我们来看毛泽东针对考试发表的评论[①]：

现在的考试，用对付敌人的办法，搞突然袭击，出一些怪题、偏题，整学生。这是一种考八股文的方法，我不赞成，要完全改变。我主张题目公开，由学生研究、看书去做。例如，出二十个题，学生能答出十题，答得好，其中有的答得很好，有创见，可以打一百分；二十题都答了，也对，但是平平淡淡，没有创见的，给

[①] 中共中央文献研究室编：《建国以来重要文献选编（第18册）》，中国文献出版社2011年版，第202页。

五十分、六十分。考试可以交头接耳，无非自己不懂，问了别人懂了。

毛泽东认为考试要改变，他十分准确、犀利地指出了考试的弊端及其对学生的消极影响，而且提出了具体的改进建议。当前的思维测评也存在同样的问题：测评内容和形式脱离生活与实践，不利于学以致用；测评所涉及的思维内容、思维方法刻板化、简单化；测评的开放性、灵活性、多样性不足。

针对这些问题，我们应当在设置高品质测评问题、强化表现性评价两个方面进行优化，藉此提高思维测评的质量和效能，并且对思维素养的培养形成积极的导向。

一、设置高品质测评问题

如本书第二章所述，思维的根本目的是发现和解决问题，包括"是什么""为什么"和"怎么办"三类问题。基于此，对学生的思维素养进行测评就要设置高质量的测评问题，通过学生回答、解决问题的过程与结果评价学生的思维素养。教师要有设置高质量问题的意识和能力，即使测评时选用现成的问题，也要审视该问题是否准确指向要测评的思维过程，是否能调动学生的兴趣。

（一）激发学生思维的兴趣和主动性

学生在考试包括思维测评中往往处于被动状态，他们殚精竭虑、小心翼翼地作答决定其排名乃至荣辱的试题。这些试题对学生而言很多时候是故意为难他们的怪物，如同毛泽东所说，"现在的考试，用对付敌人的办法，搞突然袭击，出一些怪题、偏题，整学生"。和很多钢琴考级的孩子厌恶弹钢琴一样，学生们在考试中以写出正确答案拿到分数为最高追求，一边考着一边厌恶着。这样的测评必然存在误差乃至偏差，因为学生的思维没有真正被调动，学生没能表现出他们真正的思维能力。

因此，我们在设置测评问题时，一定要着力激发学生思维的兴趣与主动性，这不仅有助于探知学生真实的思维能力，而且对提高学生的思维素养也极有价值。下面是我在教学和培训时为了提高学生、学员的思维活性而提出的问题：

- 宇航员为什么会失重？
- 蛋白质变性后还是蛋白质吗？
- 自行车刹车力是内力还是外力？
- 帆船在逆风时还能依靠风力前进吗？
- 电线杆上的风速仪如何传递风速信号？
- 电动车左、右手刹车为什么感觉不一样？
- 为什么绝大部分生物不分裂增殖而是两性生殖？
- 中国共产党为什么能够取得新民主主义革命的胜利？
- 你对"取消桂林狗肉节"及立法禁食狗肉的呼声怎么看？
- 哪些儒家思想转化为民族心理并强势影响中国人的人生？
- 为什么流行歌曲《孤勇者》能让中小学生产生强烈的情感共鸣？
- 给手机充电与哪个过程——给水池加水或压缩弹簧——更相似？
- 用全脂牛奶加菌粉做酸奶很成功，用同品牌的脱脂牛奶也能做成吗？
- 油电混动的车为什么节能？动力电来自汽油驱动的发电机，不是能量守恒吗？

- 为什么车库转弯的地方有车印且只有一条，两排车轮不是应该有两条车印吗？
- 郦道元的《三峡》要讲写景之真、之美吗？可是郦道元没有去过三峡，这样的话《三峡》讲什么呢？

让人欣慰的是，所有这些问题都激发了听众的兴趣，他们认真思考、热烈讨论，充分显现出思维的主动性。我们在构建测评问题时，可运用两个策略激发学生思维的主动性：

第一，与生活现象紧密结合。上述绝大部分问题都源自学生熟悉的生活现象，这使得问题变得具体、形象，学生会感到亲切自然，从而顺利地进入问题情境。此外，熟悉的日常现象中却包含着值得思考的问题，这是一种反差感，能有效地抓住学生的注意力并使其思维被激活。

第二，打破学生认知稳态。学生对某种熟悉的现象存在惯性认知也即认知稳态，提出问题使学生重新认识这个现象能够打破其认知稳态；或是，学生对某种现象已存在 A 认知，提出一个与此不符乃至相悖的 B 认知，就有可能引发学生的认知冲突从而打破其认知稳态。学生的认知稳态被打破，他就会本能地通过思维重新寻求新稳态，其好奇心被调动起来，成为有效的思维驱动。"帆船在逆风时还能依靠风力前进吗"，大多数学生一直以来的惯性思考是"逆水（风）行舟不进则退"，自然因此给出错误答案——"帆船在逆风中不能前进"。我们可提出打破学生认知稳态的问题："帆船运动员要在水上做四边形运动，其中有相当比例的路程是逆风，此时他们不前进、停下来乃至倒退吗？"这个问题与学生的既有认知是矛盾的，他必须积极思考以求解决此认知冲突。

（二）三种问题生成方式

我们在后面的"强化表现性评价"部分提到，要加强思维测评的开放性，要让学生在真实情境中解释现象或完成任务，这明显不同于传统的纸笔测试，也可以说是对传统纸笔测试的超越。基于此，思维测评的问题就不应全是有唯一标准答案的题目。在真实情境中要解释的现象往往是复杂的，要完成的任务往往是层层递进的，因此，思维测评问题应具有开放性、生成性，让学生在解释现象、完成任务的过程中面对一系列相互关联、不断生成的问题。

总的说来，测评问题生成有三种方式："三棱柱式""涟漪式""钻井式"。

1."三棱柱式"

如我们在第一章所分析的，思维的目的是解决问题，包括"是什么""为什么"及"怎么办"。这三类问题之间密切关联，我们可以基于一类问题生成另两类问题，即基于解决"是什么"问题的知识从而生成"为什么"或"怎么办"的问题，基于解决"为什么"问题的知识从而生成"是什么"或"怎么办"的问题，基于解决"怎么办"问题的知识从而生成"是什么"或"为什么"的问题。

以《义务教育教科书·地理·八年级·下册》第五章"中国的地理差异"中的内容为例，该章节介绍了秦岭—淮河一线的地理意义，其中包含了诸多知识点，它们可分为三类，分别对应"是什么""为什么"及"怎么办"的问题，我们可基于每一类知识生成其他两类问题（如下图所示）。

```
┌─────────────────────────────┐          ┌─────────────────────────────┐
│         知识载体            │          │         生成问题            │
└─────────────────────────────┘          └─────────────────────────────┘
```

知识载体	生成问题
有关"是什么"的知识 例：秦岭-淮河一线是我国一条重要的地理分界线。	"是什么" 例：秦岭-淮河南北的自然气候有怎样的差异？这两个区域的人类活动有哪些明显差异？
有关"为什么"的知识 例：因为秦岭山脉南北的自然气候有巨大差异，造成这两个区域的人类活动有明显差异。	"为什么" 例：为什么秦岭-淮河会成为地理分界线？
有关"怎么办"的知识 例：秦岭-淮河以北的民居，屋顶坡度较小、墙体较厚；秦岭-淮河以南的民居，屋顶坡度较大、墙体较高。	"怎么办" 例：秦岭-淮河南北的气候和地形有明显差异，人们如何依据这些差异建造房屋、实施农业生产和交通运输？

由此例可见，"是什么""为什么""怎么办"问题就像三棱柱的三个面，由一种问题生成另两种问题是一个自然的过程，就像从一个面出发环绕三棱柱而看到另外两个面。这样的问题生成方式有助于还原真实情境，让学生认识事物或现象的全貌。人们在生活中常常因为一类问题而追问另外两类问题，这体现了人的思维本能。

因此,"三棱柱式"的问题生成对激发学生思维的兴趣和主动性是有价值的。

2. "涟漪式"

日常生活中朋友们聊天时,聊天的主题、内容往往会不断扩展,这是一种自然的思维模式,因为世界上的各种事物或现象都存在千丝万缕的联系,基于这样的联系,人们的思维过程从一个事物"游移""扩展"到另一个事物。在思维测评中,我们也可以从一个问题出发不断扩展而生成更多的问题,这即是"涟漪式"问题生成方式。下面是一个"涟漪式"问题生成的例子——我对课文《雷雨》进行解读时提出的关键问题[1]:

● 请大家阅读《雷雨》的《序幕》和《尾声》,你觉得它们起到了怎样的作用?对这出戏剧来说是必要的吗?其中姐弟二人的角色起到了怎样的作用?

● 曹禺说,他写《序幕》和《尾声》的目的是让雷雨夜发生的悲剧"推到非常辽远的时候,叫观众如听神话似的,听故事似的"。"非常辽远的时候"是什么时候?神话或故事有什么特点?为什么这么做观众就能够像听神话或故事似的?作者为什么要这么做?

● 曹禺说《雷雨》"是一首叙事诗,但决非一个社会问题剧",你对此有何看法?

● 曹禺希望观众看剧时"不那样当真地问个究竟",这个"究竟"是什么,如果不"当真地"问这些"究竟",我们应从《雷雨》

---

[1] 赵希斌:《语文素养导向的文本解读》,华东师范大学出版社2024年版,第77-78页。

中关注和感受什么？

● 《雷雨》中有很多"巧合"，你如何看待这些"巧合"？

● 曹禺说蘩漪"应该能动我的怜悯和尊敬"，作者为何怜悯蘩漪？你对蘩漪"竟然"获得作者的"尊敬"有怎样的看法？

● 鲁侍萍哀叹："你们妈的命太苦，我们的命也太苦了。"你如何理解她说的"命"，以及悲剧中的"命运"？

● 悲剧显现了世间的残忍和毁灭，请说一说，悲剧为什么是美的？我们能从《雷雨》中体验怎样的美感？

● 曹禺希望《雷雨》收束时"观众的感情应又恢复到古井似的平静"，还希望"看戏的人们回家，带着一种哀静的心情"，你如何理解"古井似的平静"和"哀静"？现在我们学完了《雷雨》，说一说你的心情是怎样的。

我们会发现，所有这些问题都是围绕着一个"核心"——如果不将《雷雨》作为一个社会问题剧而凸显其审美意义，它到底美在哪里？所有问题围绕这个核心如涟漪般生成、扩展。这些问题形成了对某个学习内容较为全面的覆盖，借助对这些问题的思考，学生得以更深刻地理解所学内容。

任何一个学科都存在不同的知识领域，如数学中的数与代数、空间与图形、统计与概率，语文中的说明文、散文、诗歌、戏剧、小说，物理中的力学、声学、光学、电磁学，思维测评时可以从一个领域到另一个领域，生成相互关联的一系列问题，这样的一组"涟漪式"问题系统性强，有助于我们对学生的思维状况形成更全面的认识。需要强调的是，与日常生活中的闲聊不同，"涟漪式"问题生成不是随机、散漫、盲目的，它必须与测评目标高度匹配，同时还要有如涟漪的圆心一样的核心，就像上面例子中一系列有关《雷雨》的问题紧密围绕一个主题，由此凸显测评问题的结构化，保证测评的有效性。

3."钻井式"

就像俗语所说"打破砂锅纹（问）到底"，我们可以基于一个问题通过不断深化提出新问题。例如，"《祝福》中祥林嫂是一个怎样的女性？"这是一个"是什么"的问题，简洁的回答可以是："她是被夫权、族权、神权压迫致死的一个旧中国女性的典型。"针对这个回答，可以进一步提出更多、更深入的问题，如"什么是夫权？""它在中国的起源和发展是怎样的？""夫权的表现形式有哪些？""它是如何对女性形成压迫的？""为何旧中国的女性无法逃离和反抗夫权的压迫？""当前中国女性是否总体上摆脱了夫权的压迫？如果是，原因是什么？如果不是，原因又是什么？"我们可以看到，就像油井钻得越深产油就越多，对这些不断深入的问题的思考可以让学生真正理解《祝福》，理解小说中的人物和他们生活的那个社会。

面对"为什么"的问题，也可以通过"钻井式"问题生成更多有价值的问题。例如，《普通高中教科书·高中·生物学·必修1》第三节"细胞中的糖类和脂质"中有一个知识点是："脂肪在细胞生命活动中具有重要作用"，据此可以提出"为什么"的问题："为什么脂肪对细胞生命活动很重要？"此问题的答案是："因为脂肪是细胞内良好的储能物质，同时还是一种很好的绝热体。"基于此可应用"钻井式"问题生成方式提出更多、更深入的问题："为什么脂肪是良好的储能物质？""为什么脂肪的能量密度这么高？与它的化学结构有关吗？脂肪有怎样的化学结构？""脂肪如何转化和释放能量，其化学结构会发生怎样的变化？""人体是如何获取或合成脂肪的？""脂肪摄入过多有哪些危害？如何控制脂肪的摄入？""教材将脂肪归为'脂质'的一种，细胞中还有哪些物质同属'脂质'？它们为什么被归为一类？"

面对"怎么办"的问题，同样可以基于"钻井式"问题生成方式提出更多问题。例如，中国东部沿海省市是用电大户，需要大量的煤炭用于发电，可是中国的煤炭资源集中于西部地区，相关的"怎么办"的问题是："如何将西部的能源'运送'到东部？"最直接的办法就是将西部的煤炭通过铁路或水路运到东部地区。基于此我们可以提出更多相关问题。例如，"'西煤东送'的本质是能量载体的转移，是否有更好的办法以提高转移效率？"答案是可以将西部的煤炭就地发电，将电力通过电网输送到东部。可是由于线路电阻的存在，电能损耗会因为输电线路太长而变得不可接受，这又该"怎么办"呢？消耗在输电线路上的电能（功率）是I^2R，在发电功率（$P=UI$）一定的情况下，电压越大电流越小。因此，解决这个问题有两种方法，一是降低输电线材的电阻，二是提高输电电压。选择哪种方式？如果选择降低电阻，可以加粗输电线材或选用更低电阻的线材。加粗线径不仅会大幅度提高线材成本，而且其重量的显著增加也迫使输电塔必须增加用料或提高强度；而换用电阻更低的线材如银，则因其稀缺性及强度问题而变得不可行。基于这样的权衡，人们选择提高输电电压解决这个问题，而这会带来新的有关"怎么办"的问题，高压电力传输需要变压器，如何设计制作变压器是一个需要解决的问题；同时，电压越高，能量损失越小，但随着电压升高，研发、应用合宜的绝缘材料又成为需要解决的"怎么办"的问题。

由这些案例可看到,通过"钻井式"问题生成方式提出更多问题的路径及其价值。当我们用"A 是 B"回答"A 是什么"的问题时,很多时候会自然引发"B 是什么"的问题。当我们用"因为 A 所以 B"回答"为什么"的问题时,往往会进一步引发"为什么 A 所以 B"的问题,这实际上就是我们在前面分析的对因果机制的探究。当我们面对"怎么办"的问题时,往往会提出若干解决问题的方案,进而根据特定标准或条件对这些方案进行筛选、定夺,在确定某个方案并实施时,又会不断出现新的需要解决的问题。

(三)加强问题生成的互动性

标准化测试中的问题(试题)往往是单向、封闭的,学生被动回答命题者提出的问题,二者没有交集更没有互动,命题者可以不知道具体参加测评的是谁,也不会在乎学生是如何思考而得到答案的。如前所述,学生在真实情境中的思维往往是层层递进的,这意味着我们要改变测评问题的单向性和封闭性,创设层层递进的问题,这样才能更真确地把握学生的思维状况。要做到这一点,可尝试以下两种重要的互动式问题生成方式——诘问与反问。

1. 诘问

近期,北京市出台禁行三、四轮代步车的政策,一个网友发帖对此表达不解和不满:"厂家生产代步车,市场售卖代步车,相关部门没有禁产也没有禁售,现在人们把车买回来却被禁行,这不合理!"此帖下面有大量网友回帖赞同此说法。有一个网友的回帖给我留下深刻印象,他说:"全国也有很多厂家生产拖拉机,市场上也很容易买到,你会买一辆在北京市区开吗?"这是典型的诘问,它非常有效、非常有力，准确"击中"了某些网友思维的"软肋"。诘问的意思为追问、责问，教学中的诘问去除了其原意中批判、谴责的意味，是针对学生思维中出现的瑕疵、漏洞、矛盾、错误提出问题。我们来看一段师生问答。

师：自行车的刹车力对人和车这个系统而言是内力还是外力？

生：是外力。因为它改变了人和车的运动状态，使其速度慢下来并最终停止。

师：在冰面上骑自行车，刹车力还能使人和车停下来吗？

生：不能。

师：那么，这个刹车力是内力还是外力？

生：是内力？

师：是内力的话，在普通公路上怎么能刹停？

生：难道是内力还是外力要看外部条件？也不对啊，应该不随外部条件变化而变化啊！

教师利用诘问准确、巧妙地揭示了学生思维的矛盾之处。这样的问题非常有价值，高质量的诘问往往指向思维的薄弱处，还会让学生有惊讶之感，能够有效地激发学生的好奇心，提升其思维的主动性。这样的诘问也是一种引领，帮助学生实现层层递进的思考，使思维形成聚焦且越来越深入。以上面的对话为例，经过深入思考，当学生意识到"摩擦力是内力还是外力不应随外部条件变化而变化"，他们就接近正确答案了——胶皮与轮圈的摩擦力对人和自行车组成的系统来说是内力，所以在冰面上这个力无法让人和自行车停下来。但是，这个内力会让轮圈滚动变慢，相对地面形成由滚动转为滑动的趋势，此时地面对自行车车轮的滑动摩擦力介入了，这个摩擦力是外力，它改变了自行车的运动状态，使人和自行车停了下来。

再看一个社会科学领域有关诘问的例子。

师：有人呼吁取消桂林狗肉节，认为吃狗肉是残忍的，你们同意吗？

生：不同意。

师：为什么？

生：这些呼吁的人吃猪肉、牛肉、鸡肉吗？如果吃的话，他们有什么资格呼吁不能吃狗肉？吃猪肉、牛肉、鸡肉不残忍吗？

师：有没有哪些肉类你们肯定是不吃的？

生：有的。比如猫肉、蛇肉……

师：有没有一些早期人类普遍食用的肉类，随着社会发展而普遍（非绝对、完全）被禁食？

生：肯定有。比如猫、老鼠、蛇……

师：那么，狗肉有没有可能在未来进入被禁食的名单？

这段师生问答有价值观的介入，教师不但诘问学生，学生也提出了诘问："吃猪肉、牛肉、鸡肉的人有什么资格呼吁不能吃狗肉？"学生的这个诘问有价值也有力量，教师需要做出慎重的回应。教师的诘问——"狗肉有没有可能在未来进入被禁食的名单？"——是一个好的回应，它指出了学生思维中的漏洞，即试图将狗肉等同于猪肉、牛肉、鸡肉，而没有认识到狗已经成为人们的伴侣动物这一现状，这是食用狗肉产生巨大争议的根本原因。同时，此诘问将引导学生基于发展的眼光注意一个事实：不能被食用的动物的名单是动态的，总的说来，随着人类社会的发展，这个名单会不断被扩充,作为人类的陪伴动物,狗在相当多的国家不可食用,它也有可能进入中国人的禁食名单。由此可见,正是这样的诘问,引发学生对学习内容进行更开放、更深入、更全面的思考。

2. 追问

追问指"追根究底地问,多次地问"。追问有一探究竟之意,"探"指探索、探究,非常契合教育教学所提倡的学习方式,对了解学生的思维发展状况也非常重要。下面我们来看一个例子。

师:为什么木头会浮在水面上?

生:因为它很轻。

师:为什么"沉木"会沉下去?

生:因为它太重了。

师:钢铁造的船不是更重吗,为什么能浮起来?

生:你得把钢板做成船的形状,直接把钢板放水里不也会沉下去吗?

师:为什么钢板做成船的形状就沉不下去了?

正是在这样有关"为什么"的追问下,学生逐渐理解了有关浮力的真相和本质——物体受到的浮力等于其排开的水的重量。我们在前面分析了"钻井式"的问题生成方式,很大程度上它就是利用追问不断生成新问题。对测评而言,每一次的追问都是对学生思维的激发,连续性的提问就像为学生铺就一个个台阶,学生藉此逐级攀登,我们也得以在这个过程中探知学生的思维路径及思维水平。追问的关键在"追",追问时提出的问题要依循学生的思维轨迹,学生的回答应成为教师不断提出问题的依据。

需要指出的是,追问时教师不能被动地让学生的思维和答案牵着跑，而应当根据测评目标进行引导，否则追问和回答就有可能离题万里、散乱无序。例如，上述追问中，"为什么'沉木'会沉下去"就是一个合理、关键的追问，它不仅引出"重的物体不一定会沉"这一结论，而且还为后面的思考埋下伏笔，即物体在水中的沉浮本质上不取决于其重量，而取决于其总体等效密度与水的密度的比值。

二、强化表现性评价

总的说来，对思维素养进行测评有两种形式：标准化测试与表现性评价。为了更好地理解这两种测评形式，请回想我们是如何通过考试拿到驾照的。此考试由三部分组成：笔试、场地测试、路考。笔试是典型的标准化考试，题目呈现、作答、评分均通过计算机完成，题目已预先设计好，主要考查考生对交通法规知识的记忆。场地测试也是典型的标准化测试，很多考试场所已实现无考官测试，凭借摄像头、传感器对考生的驾驶行为进行评分，测试场地、测试内容、测试流程都是统一的、标准化的。路考则是表现性评价，测试场地是真实的行车道路，考生要在真实的情境中，完成真正的驾驶任务，需要对随机出现的各种状况进行反应和处理。考官及车载系统根据考生的实际表现对其驾驶能力进行判定，所以这样的测试被称为"表现性"评价。

对思维素养的测评而言，强化表现性评价非常重要，因为思维素养是学生的一种综合能力，只有通过表现性评价才能真正了解学生的思维能力和思维过程。下面我们对表现性评价的内涵和价值进行分析，进而探讨通过表现性评价对学生思维素养进行测评的方法与策略。

（一）表现性评价的内涵与意义

对表现性评价最直接的理解是，根据学生的"真实表现"对学生所掌握的知识、技能或具备的能力进行评价。表现性评价并不是什么新事物，人们的一切行为表现都可以成为表现性评价的内容，如狩猎、战斗、游戏、手工、模仿、交往等。因此，表现性评价"古已有之"，而且一直存在于我们的日常生活中。基于此，根据学生的"真实表现"对学生的学习进行评价是自然的、合理的。

真正理解表现性评价的内涵及其在思维测评中的必要性，还要从对标准化考试的审视开始，因为表现性评价的应用可以看作是对标准化考试缺陷的弥补，也是对标准化考试的纠偏。标准化考试属于客观性考试，是依据现代考试理论，借助现代统计方法和计算机技术，严格按照科学程序设计和实施、试图控制各种误差、具有统一标准的考试。标准化考试产生于19世纪末20世纪初，它源于三个方面：一是德国的实验心理研究；二是英国关于心理个别差异的研究；三是法国关于诊断异常儿童智力的研究。[①]

想象一个测试场景：人们已经研发出一个被证明严密、可靠的"计算机试卷生成系统"，将有关应试者关键特征的参数、考试范围、考试目的、环境条件等输入该系统，它就能从高品质题库中选择试题组成一套高质量的试卷。学生在有严格条件控制——如考场的面积、人数、照明、噪音控制、监考人员行为等——的环境中进行考试。考试结果采用计算机阅卷，该阅卷系统具有高一致性和可靠性的评分标准，基于该系统，学生得到一个公平的分数。如果一

---

① 廖平胜等：《标准化考试的理论与实践》，华中师范大学出版社1986年版，第5—6页。

个考试这样构建并实施，它就是一个典型的标准化考试。

标准化考试中最常见的题目有三种形式：选择题、填空题、简答题，这些题目往往有唯一正确的答案，学生的回答非对即错，不存在中间和模糊状态，对学生答案的对错判断不需要乃至排斥人的主观介入，可以用计算机进行评分和计分。不可否认，标准化考试客观、公正，并且可以用计算机评分以提高效率，它应当也可以被用于思维测评。但我们必须注意到，标准化考试不是万能的，而且存在副作用。

下面我们来看一个标准化考试及评分的案例。2020年，美国多所院校使用的AI阅卷系统成为被关注的焦点，因为人们发现作答时只要复制原文"关键词"，该系统就会给高分。

有家长爆料，美国一家公司旗下的AI阅卷系统存在重大漏洞，学生只要在答题区写上零散的"关键词"就能轻松拿高分。这位爆料者名为达娜·西蒙斯，是加州大学河滨分校的历史系副教授。她之所以发现AI评分系统漏洞是因为她的学霸儿子拉扎尔在满分100分的历史测评中只得了50分。

一开始，西蒙斯还试图安慰他，也许这次阅卷的老师比较严格。不过，拉扎尔称老师并没有看他的答案，提交试卷不到一分钟，成绩就出来了。西蒙斯知道，这应该是根据系统算法自动评分，随后她看了儿子的考试试卷，似乎并没有什么大的问题。于是，她决定用一道历史题测试一下系统的评分规则，结果让她大跌眼镜。题目是这样的：君士坦丁堡的地理位置如何帮助拜占庭帝国变得富有和繁荣？西蒙斯只是写了两个相关的长句，然后又往上堆叠了一些不连贯的关键词，比如：

它位于爱琴海和黑海之间，是商船和乘客的集散地。它也正处于欧洲和小亚细亚之间，这使它成为一个巨大的贸易中心，而且是当时的许多贸易路线。利润、多样化、西班牙、中国、印度、非洲。

结果，就是这种拼凑的"单词沙拉"，评分系统却给了她满分。根据该公司官网显示，对于某些题目系统的评分规则是，如果问题的答案不包括关键词，系统会判定为0分，包含的关键词越多得分越高。按关键词评分不失为一种好的方式，但只是按照关键词，显然会出现明显失误。西蒙斯在社交平台上公开批评该公司的AI评分系统，称这样的算法漏洞不利于教育公平。公司作出回应称，AI系统评分只是作为参考，老师有权对其进行修改，老师有权接受或否决建议的分数，AI不会决定学生的课程成绩。

在事后采访中，拉扎尔的一位同学表示，老师确实可以重新查看学生的试卷，并给出最终的得分。但他认识的大多数同学都表示，从未见过老师更改该系统给出的分数。西蒙斯并不是最早发现该系统存在评分漏洞的人。一位已经毕业的高中生表示，他虽然不喜欢"关键词沙拉"，但这种方式确实有助于得高分。事实上，经过多次考试，很多学生都已经摸透了系统的评估方法。

此案例揭示了标准化考试存在三方面的问题：

第一，标准化考试的答案封闭性极强，题目的答案往往是有限乃至唯一的，这会对学生的思维形成强烈的导向，即发展出一套获得标准答案的策略，就像案例中的学生利用"关键词沙拉"获得高分一样，这不正是久被诟病的"应试文化"吗？

第二，标准化考试追求答案的唯一性，忽视、排斥个体差异，面对这样的考试，学生会压抑自己的想法——如果这个想法与可能的标准答案不一致——他们会更侧重于寻求标准答案而放弃自主思考。

第三，这样的考试很难还原具体、丰富的现实世界，不利于引导学生面对和解决实际问题。

总之，对思维测评而言，应用标准化考试有意义、有必要，但不能只用标准化考试这一种形式。标准化考试很像现代工厂里的流水线，要求原材料、加工过程尤其是产品的标准化，即使是定制产品，也要符合明确的规范和标准。学校有与工厂相似的地方，而二者有本质上的不同，因为学生不是产品！教育教学有标准，但此标准是方向性的，绝不应忽视乃至压抑学生的个体差异和多样性。

早在20世纪30年代，美国教育家泰勒就提出了"从测量走向评价"的口号并指出："对于评价来说，不是评价客观不客观的问题，而是教育目标是否实现了的问题。在目标之中，有容易考查的部分，也有难以考查的部分。倘若忽略了难以客观地考查的部分，那么，教育本身也就被扭曲了。"[1] 标准化考试恰恰有可能"忽略难以客观地考查的部分"。

在教育教学领域，表现性评价兴起于20世纪80到90年代的美国，它是对结果取向的教育评价的反动和矫正。有研究者指出，与其说表现性评价是一场教育评价改革运动，倒不如说它是一种新的教育理念、学习方式等方面改革在评价领域的一种反映。[2]

---

[1] 钟启泉：《击破学习评价的"软肋"》，《中国教育报》2007年10月20日第3版。
[2] 杨向东：《"真实性评价"之辨》，《全球教育展望》2015年第5期。

1990年，美国测验和公共政策委员会发表了题为《从看门人到引路人：美国测验的转化》的文章，委员会建议采取以下措施改进测验：重新构建教育测验使之充分测查学生的智能；限制使用抑制学生自由发挥的标准化测验；不再把测验分数作为评价个体及其能力的唯一指标。[①]

1971年，费兹帕特里克和莫里森首次对表现性评价的内涵作出了界定，他们认为表现性评价是通过让学生完成一个活动或一个作品，测量评价学生在真实情境中表现出的知识和能力。有研究者总结了表现性评价的几个关键特征[②]：

- 表现性评价要求学生表演、创作或制作某些东西，涉及真实世界中的任务与应用，指向高阶思维和解决问题的能力。
- 表现性评价不仅关注结果，还关注学生完成任务的过程，以及超越分数之外的学生价值观、兴趣、动机。
- 表现性评价将教学和评估联结起来。
- 表现性评价的评分依赖评价者的判断。
- 表现性评价重视学生在知识基础、人生经验、思维特质等方面的个体差异。

总的说来，表现性评价指向标准化考试所忽略的"难以客观地考查的部分"，它涵盖了非常广泛的学习活动，包括完成一个调查、写一篇论文、完成一个实验等。在这些活动中，学生需要调动多样的、不同层次的思维解释现象或完成任务，而不是选择他人给出的

[①] 韦伯：《有效的学生评价》，促进教师发展和学生成长的评价研究项目组译，中国轻工业出版社2003年版，第208页。
[②] 佟柠：《表现性评价在高中地理教学中的应用研究》，华东师范大学博士学位论文2019年，第82-83页。

所谓正确的答案。表现性评价聚焦真正、真实的思维能力——学生未来走入社会面对真实世界的挑战需要具备的能力，在这个意义上，表现性评价也被称为"真实性评价"。[①]

（二）设置真实的情境与真正的任务

在思维测评中构建表现性评价要指向两个"真"：一是"真实"的情境，二是"真正"的任务。比如，测试游泳教学的效果，就要让学生在真实的情境（如游泳池里）完成真正的任务（如不间断游500 米）。如果只让学生在岸上反复比划，哪怕动作再标准、再漂亮也是没意义的。可以肯定地说，正是这两个"真"体现了表现性评价的本质内涵与核心价值。

1. 真实的情境

20多年前我还在读博士时，从机场接一位美国专家并将其送到宾馆后，他跟我确认："You will pick me up here at 7 am. tomorrow morning, right?"（你明早7点在这里接我，是吧？）这句话当时给我相当大的触动，以至于过了20多年还念念不忘。我那时在想，pick me up 用在这里非常合适，但这个表达对我来说是完全陌生的，如果让我在这个情境中表达这个意思我不知道该说什么，肯定不会用这么合适、地道的说法，或许会用别扭的"中式英语"。很遗憾，我多年的英语学习是用来应付考试的，直到博士毕业还是哑巴英语、聋子英语，这真让人痛心！英语学习脱离真实生活情境，所学知识及相应的思维因此没了根，是悬浮、破碎、非功能性的。言语交际是基础教育阶段英语学习的关键目标，脱离

---

① 周文叶：《学生表现性评价研究》，华东师范大学博士学位论文2009年，第48-50页。

真实情境的教学和测评是对此目标最具讽刺意味的背离！

　　缺乏在真实情境中进行教学和测评不仅仅是英语学科而是所有学科都存在的问题。我在教学时曾问北师大本科（理科）生："宇航员为何在太空会失重？"有相当多的学生回答："因为离地球太远，失去了地球的引力。"这个答案是错误的，就像用绳子拴着小球使其做圆周运动，如果绳子断掉，小球会在这一刻沿切线方向飞出去，不可能再作圆周运动了。同样，宇航员和空间站能绕地球作圆周运动，就是因为有"一根无形的绳子"拉着他们，这根"无形的绳子"就是地球的引力！这是有关失重及牛顿第二定律的知识，很多学生曾经在考试中选择了正确答案，看起来掌握了相关知识，但为什么无法运用这些知识解决真实情境中的问题？从表现性评价的角度看，学生学以致用的表现不够好，这也提示我们，在真实情境中对学生的思维素养进行测评多么重要。

　　真实的情境主要是指在测评时呈现给学生真实的情况、局面、形势等。本书附录2展示的就是一个基于真实情境实施的教学，它展现了达致生态平衡的生物系统的状况，其中包含着多种生物、微生物，以及它们赖以生存、生长的环境条件。从中我们能看到系统中各要素之间的相互作用，以及基于此相互作用，该生态系统发展变化的状况、趋势。我们在表现性评价中要创设的情境就是这个样子，从教学到测评，教师只需将对关键知识的讲解转化为结构良好的测评问题。

　　中国人民大学附属中学"网红"教师李永乐，在多个网络平台上发布教学视频，受到大量网友的认可与欢迎。其教学内容的一个明显特点即以身边发生的热点事件为载体，讲授其中蕴含的科学知识。以下是截止到2021年9月3日，李老师在4个月内发布的教

学视频[①]:

教学主题	相关时事及教学内容
新中国最严重溃坝事故:河南"75.8"特大水灾是如何发生的呢?	河南郑州7月20日大暴雨,人员伤亡及财产损失惨重。李永乐结合历史上的"75.8"特大水灾分析其地理及气象条件。
河南郑州为何突降暴雨?李永乐老师解读三大暴雨成因	
奥运冠军在月球上能跳多高?	结合8月东京奥运会,分析竞技运动中蕴含的物理知识。
跳水运动员为啥总是这姿势?	
给电动车加个充电宝?关于增程式电动车的一切	新能源汽车火爆,李永乐分析增程式电动车的物理原理——为什么用燃油发动机给电池充电,再由电机驱动汽车。
一个公式理解相对论:从伽利略变换到洛伦兹变换	燕山大学一教师发文反对相对论引发舆论哗然。
埃里克森如何"死而复生"?心肺复苏和AED	6月13日欧洲杯足球比赛中,丹麦球员埃里克森突然倒地,立即接受心肺复苏和AED,10分钟后恢复了呼吸和意识。
如何快速测量近视度数?	网红博主(频道名"佑来了")做了很多有趣的物理实验,包括一个简易的测量近视度数的方法。李永乐解释这种方法的物理学和生理学原理。
为什么1+1=2?生三胎需要什么条件?	基于国家计划生育政策允许生三胎,李永乐解释"自然数的公理化运动"。

---

① 在手机App"今日头条"上搜"李永乐老师",可观看其发布的教学视频。

续表

教学主题	相关时事及教学内容
中国人为何能发明杂交水稻？除了袁隆平，也该铭记这些人	5月22日袁隆平去世，解释杂交水稻的发明原理和过程以纪念袁隆平。
什么是杂交？遗传学之父孟德尔和他的豌豆杂交实验	
熟鸡蛋返生有可能吗？这项研究得了"诺贝尔奖"	4月，某职业学校一教师发表在《写真地理》的论文引发舆论哗然。文章声称利用超心理意识能量方法可使熟蛋返生孵小鸡。李永乐分析蛋白质的变性，并介绍曾获诺贝尔奖的一项研究。
公考行测题：哪边更重？大部分人都答错了	公务员测试中的一道物理题，在网上引发了热烈的讨论。
"元气森林"真的没有糖吗？人类为什么喜欢吃糖？	饮料"元气森林"声称"零蔗糖"，但实际上含有乳糖和果糖，被认为是误导消费者，生产该饮料的公司因此道歉。

我们可以深切地感受到，李老师讲授的内容多么有趣、吸引人，这样的内容自然会调动学生对知识的好奇心，进而激发其思维的主动性。李老师如何能做到这一点？将知识和思维置于真实的情境是最重要的原因。王元在华罗庚与其合著的《数学模型选谈》的前言中写道[1]：

提起数学，不少人仍觉得头痛，难以入门，甚至望而生畏。我以为要克服这个鸿沟，还是有可能的。近代数学难于接触，原因之一大概是由于其符号、语言与概念陌生，兼之近代数学的高度抽象

---

[1] 华罗庚、王元：《数学模型选谈》，王克译，湖南教育出版社1991年版。

与概括，难于了解与掌握。我想，如果知道讨论的对象的具体背景，则有可能掌握其实质。

王元所说的"讨论的对象的具体背景"就是真实的自然、社会、精神世界，这不但对数学学习很重要，对所有学科的学习都很重要。中小学生学习的绝大部分学科知识都源于生活、源于实践，是千百年来人们在解释现象、解决问题、完成任务的过程中一点点积累起来的。作为教师一定要有意识、有能力将学科知识与真实世界、现实生活关联起来，或者说，将书本中的抽象知识"还原"到真实世界中，这对思维测评而言尤其重要，是构建表现性任务的核心与基础。

在真实情境中，学生更多的思维过程被激活，其思维得到更多的锻炼，也会有更大的收获。在上面的例子中，如果要求学生面对真实的英语交流任务，让他表达"你明早7点来接我，是吗？"他就必须对任务进行"聚焦与识别"——如何表达"接我"？还要进行"比较"和"权衡"——可能有若干种相似的表达，在这样的情境中哪一种表达更合适呢？如果要进行比较深入的思考，还可能涉及"反思与元认知"——pick up 是一个口语化的表达，如果是正式的书面语言的话应该怎么说呢？

同样，面对"宇航员失重"这个真实的物理现象，学生也必须调动多种思维过程才能解答"为什么会失重"这一问题，上述以"绳子拴小球"作类比以明确物体失重不是因为失去地球引力，就是一种重要的思维方法。进而，我们还可以创设另一个真实情境，让学生观察身边有哪些失重现象，如在电梯运行过程中人的失重，对此进行分析并与圆周运动过程中的失重进行对比，这样就会涉及

"应用与一般化"这一思维过程，基于此形成对失重条件的本质性认识：当物体在重力方向上有加速度时就会处于失重状态。

总之，"真实的情境"之"真实"有两层含义：一是强调认知对象不是想象中的，而是真正存在的事物及现象；二是强调本质层面的真确，即对超越表象的事物及现象的本质与规律的认识。我们可基于两个策略设置真实情境：

第一，呈现具体的有关自然、社会及人类精神的现象，并以此作为问题和任务的载体。例如，给学生呈现真实的地形地貌，让学生对其中相关地理现象的成因进行解释；针对真实发生的社会事件，让学生运用所学知识对其进行分析和评价；让学生基于实地采风创作一幅水粉画，进而说明其创作理念和创作过程。

第二，指向抽象、本质的真实。如本书第一章"抽象——思维的核心"所分析的，学生学习的所有知识都具有一定的抽象性，某种意义上，人们对世界的认知经过一定的抽象才能进入教科书，我们可以也应当将基于抽象、本质的真实作为表现性评价的载体。例如，前面分析的数学中的"追及问题"就是具有概括性的、抽象的真实，我们可以基于这样的本质层面的真实设置表现性评价，就像被某专家批评的"没有意义的"数学题——"上面的管子往水箱灌水的同时，水箱的水从下面的管子流出，多长时间能把水灌满？"也许人们一辈子没见过这个现实场景，但它是一个本质上真实的情境，其中蕴含的就是"追及问题"。

需要指出的是，设置真实情境的目的是为了激发学生特定的思维过程，不能将现实事物及现象原封不动地呈现给学生，而应去除其中琐碎的、无关的、不重要的因素以保证思维测评的有效性。例如，当前武汉正将无人驾驶出租车推向市场，这引起了网友激烈的争论。一方认为这是无可阻挡的技术革命，有助于提高产业效率、推动社会进步；另一方则认为这会使出租车及网约车司机丢掉工作，因而反对将其推向市场。教师可在网络上选取网友的典型发言呈现给学生，要求学生分析网友的观点，进而收集更多相关资讯，在此基础上写一篇无人驾驶出租车应用前景的小论文。教师在选取网友的发言时需要对其进行筛选，去掉那些无关的、离题太远、只输出情绪而没有观点和事实的发言。

2. 真正的任务

陆游有诗言："纸上得来终觉浅，绝知此事要躬行。"所谓"纸上得来"指的就是上面分析的脱离真实情境的学习，"躬行"则强调了身体力行即"做实事"的重要性。对思维测评而言，"躬行""做实事"就是让学生面对真正的问题、完成真正的任务，这对强化思维的功能性非常重要，也是凸显表现性评价的核心价值、实施高质量表现性评价的关键。

所谓的任务有两种，一种是没有阻碍地完成一件事，如快递员每天例行公事将物品送到居民家中；另一种是需要通过解决问题——其间很可能要克服困难——来完成一件事，如写一篇课文的赏析，就要解决若干问题，包括文章的写作背景是什么、文化渊源有哪些、有怎样的风格特点、运用了哪些写作技法，等等；要想高质量完成这个任务，学生就要查阅相关资料，包括前人对相关文章的评论，还要在写作时进行严密构思，写作完成后还要多次修改。

我们这里所说的任务指的是第二种，其关键是其中包含一个真实的需要解决的问题。如本书第二章所分析的，思维的目的就是解决问题，只有真实的问题才能让思维真正动起来，不解决问题的思维很容易成为"纸上谈兵""闭门造车"。

当前所提倡的探究式学习、项目式学习、STEM 教学、翻转课堂，都强调要将学生的学习与真实的生活紧密关联起来，其本质就是任务驱动的教与学。[①] 与这样的教与学匹配的测评成为"真实性评价"，即要求学生在真实世界中应用知识和技能解决真正的问题。[②] 我们来看一道物理题：

有一个铸铁制作的人像，成年人大小，要租一辆车把它搬走，请估计此铁像的重量大约为_____公斤。

A. 300 公斤　B. 600 公斤　C. 1500 公斤　D. 2500 公斤

这就是一个典型的真正的任务，学生需要解决的问题是如何估算铁像的重量，这需要学生调用所学知识并激活多种思维过程。很多学生会想到，铁像和一个成年人的体积差不多，一个成年人的体重可以估计为 70 公斤左右，铁的密度是 7.8×10^3 千克/米^3，如果我们知道人的密度就可以解决这个问题了，即用铁的密度除以人的密度再乘上人的体重。由此可见，学生在完成包含真实问题的任务时才能显现其真正的思维水平，对完成任务的过程和结果进行观察才能了解学生运用了哪些思维方法，这为保证测评的准确性、有效性奠定了基础。

如何在表现性评价中设置真正的任务？最重要的就是要依据测评任务生成高质量的测评问题。例如，在第二章分析"极限思维"

[①] 参见赵希斌：《魅力课堂：高效与有趣的教学（第 2 版）》，华东师范大学出版社 2022 年版，第 167—187 页。
[②] 有关"真实性评价"参见：Alaniz, Katie, and Kristie Cerling. *Authentic Assessment in Action: An Everyday Guide for Bringing Learning to Life Through Meaningful Assessment*, Rowman & Littlefield Publishers, Incorporated, 2023.

时，提到"周长一定时，所有矩形中正方形面积最大"这样一个数学知识，我们可以用标准化考试测查学生有没有掌握这个知识，如让学生填空："周长一定时，所有的矩形中哪一种面积最大？"回答此问题，学生只需要知道或回忆这个知识即可，抑或学生不知道此知识也可以通过猜测得到答案，因为正方形是所有矩形中最特殊的，将其作为答案是一种应试策略的表现。这样的测试很难触发学生高层次的复合思维，为此我们可以给学生布置一个表现性任务：

村民老王要用一根绳子在自己的院子里围一块矩形的地，他要想围出最大的面积，需要围成一个怎样的矩形？为什么？

面对这样一个真正的任务，学生就需要将一个生活问题转化为数学问题，可以用基于归纳式的"极限法"，也可以用演绎式的代数推理解决此问题。藉此我们不仅能看到学生解决问题的结果，而且能观察、评价其解决问题的思维方法和思维过程。

王元在《数学模型选谈》的序中写道：

从1965年开始，华罗庚及其小分队到过我国二十多个省、市、自治区的几百个城市，几千个工厂，给几百万工人及技术人员讲课，使他们学会优选法与统筹法，并用于改进他们的工作。小分队每到一个省，立即到一个工厂或矿山所在地，把省内及外省的二百人左右集合起来，举办约一周的学习班。除讲三、四次课外，都是小组讨论。讨论的内容是如何将优选法与统筹法应用于各人自己的工作，或当地的生产过程中去。一周后，即分别奔赴全省各工业单位，与各厂的领导、工人与技术人员结合起来，共同工作。在这个过程中，华罗庚总是轮流到全省各主要城市及工厂中去亲自指导，及时了解一些成功的经验与失败的教训，然后再召集其他城市的代表到某工厂或矿山现场去开会，学习这些经验，以便进一步改进自己的工作。

大数学家用数学知识、数学思维解决现实问题，完成真正的任务，从思维测评的角度看，这完全可以作为设计表现性任务的参考。本书第二章对"数学思维"的分析，呈现了一个《数学模型选谈》中利用统筹法解决"排队问题"的例子，我们再来看此书目录的部分内容：

第一章 关于在等高线图上矿藏储量与坡地面积计算的问题（矿藏储量计算、坡地面积计算）

第二章 挂轮问题（简单连分数、Farey 贯、挂轮问题的求解）

第三章 优选法：单因素（来回调试法、黄金分割法、分数法、对分法、抛物线法）

第四章 优选法：多因素（单峰函数、对开法、旋升法、平行线法、翻筋斗法、最陡上升法、抛物体法、切块法、变元法）

第五章 黄金数与数值积分（求积公式的误差估计、求积公式的 Ω 结果和下界）

第六章 统筹方法（时差、平行作业与交叉作业、工人配备表）

第七章 计划检查评审技术（概率的估计、初等方法）

第八章 机器排序（两台机床问题、一条引理、定理 8.1 的证明）

第九章 运输问题：图上作业法（定理 9.1 的证明）

第十章　运输问题：单纯形方法（消去变数与允许解、判别数、一个最优解的判别法、特征数、迭代、线性规划）

第十一章　邮递员问题（Euler 路径、最优解的一个判别法）

这些内容让我们看到通过数学思考可以解决真实的问题、完成真正的任务。即使看不懂其中具体的数学计算和推理，我们仍建议读者基于这些内容仔细体会如何从真实情境中生成有价值的问题，进而基于这些问题形成高质量的表现性评价任务。同时，也请读者回顾本书第一章开头呈现的分别指向自然科学、社会科学和艺术的三个案例，它们都显示了如何明确并完成一个真正的任务——第一个案例，为临时启停冰箱的定时器确定启停比，为此要调用诸多物理知识，查阅多项资料，多重思维过程被激活。第二个案例，作者撰写了一个报告，解析为何一个"挥舞电锯的狂人"能够当选一个国家的总统，凭借独特的视角、详实的资料、明晰的逻辑，作者很好地完成了这个任务。第三个案例，作者完成了一个"写作任务"，对一个日常生活片段进行描摹，细腻又深刻地展现了一种"人世间"。

（三）注重开放性和过程性

标准化测试中的大部分题目都是单项选择题，这样的测评不仅是封闭的，也完全忽略了学生的思维过程及个体差异。打个比方，一个人可以在夜晚让人抬着登顶泰山看日出，也可以自己夜爬泰山登顶看日出，显然，后者经历了整个攀登过程，他会有许多独特而丰富的收获，也必然会在这个过程中表现出独特的行为方式及人格特质。因此，要想通过表现性评价真正"看到"学生的思维状况，就一定要注重表现性评价的开放性和过程性。

1. 开放性

毛泽东主张"题目公开，由学生研究、看书去做"，"考试可以交头接耳"，这是希望改变考试让学生"纸上谈兵""闭门造车"的状况，对思维测评而言就是要加强其开放性。世界上的事物和现象只要与外界环境存在物质、能量、信息的交换，就必然是一个开放的系统。世界上存在完全封闭的，不与外界进行物质、能量、信息交换，不受外界影响的系统吗？如果这样的系统存在，就需要一个能将该系统与外界完全隔绝的外壳罩在它外面，这样的话，系统无法传递出任何有关自身状况的信息，人类就不可能知道其存在，更不可能去认识它。因此，人类的认识对象其开放性是绝对的，封闭性是相对的。如前所述，表现性评价应设置"真实的情境"，让学生完成"真正的任务"，这就要求我们必须关注、强调表现性评价的开放性。

例如，让学生在考试中论述"如何振兴乡村经济"是封闭的测评；让学生对贫困乡村进行实地调研后写出脱贫方案就是具有开放性的表现性评价，在这个评价过程中，学生的思维会开放地接受多种因素的挑战，从而在"真实的世界"中展现其真正的思维水平。

具体说来，基于表现性评价的思维测评的开放性体现在三个环节：开放的思维过程、开放的评价标准、开放的问题生成。

（1）开放的思维过程。数学教学中"一题多解"是很常见的，例如，著名的"鸡兔同笼"就有很多种解法，不同的解法对应着不同的思维过程，体现了思维的开放性。我曾在一所中学听数学课，教师提出问题：

一个直径20厘米的圆面积（A），两个直径10厘米的圆面积的和(B),A和B哪个更大还是一样大?

很多同学直接计算二者的面积,发现 A 大于 B;有一位同学在黑板上画了一个大圆,然后在里面画了两个大小相等、直径相加等于大圆直径的圆,由此非常直观地看出 A 大于 B。学生通过不同的思维过程解决了同一个问题,相较而言第二种方法更好,它超越了就事论事,具有更强的概括性,说明任何一个直径为 d 的圆,其面积都大于两个直径为 $\frac{1}{2}d$ 的圆面积的和。

下课后我和授课教师讨论,建议教师可引导学生用更多的方法解决这个问题,如用公式 πr^2 表示大圆的面积,用 $\frac{1}{4}\pi r^2$ 表示一个小圆的面积,这样的话 A 是 B 的 2 倍。基于这样的思维过程,我们不仅知道 A 比 B 大,而且能够把握二者精确的数量关系。进而,教师还可以提出一个拓展性的问题:

大圆的半径是 d,面积是 A,两个小圆的半径分别是 d_1 和 d_2,$d_1+d_2=d$,二者面积之和是 B,在怎样的情况下 B 值最小,最小值为多少?在怎样的情况下 B 趋向最大值?最大值是多少?

解决这个问题就需要调动我们在第二章分析的诸多思维过程,如猜想与尝试、假设与验证、极限思维等。基于这样开放的思维过程,学生会发现当 d_1 和 d_2 相等时,B 最小;d_1 和 d_2 的差值越大,B 越大,B 趋向的最大值则为 A。由此可见,设置高质量问题为激发学生开放的思维过程创设了条件,基于这样的开放性,学生需要自主地选择解决问题的方法与过程,这正是我们希望通过表现性评价了解的学生的一种重要的思维素养。

美国心理学家加德纳提出著名的多元智能理论：个体有语言、音乐、逻辑－数学、空间、身体动觉、人际关系、自我认知、博物学家等八个方面的智能。[①]每个人的优势智能是不同的，这使个体在面对一个具有开放性的任务时，可以通过不同的思维过程完成任务。更重要的，这样的开放性还有助于学生表现出个体差异。

例如，面对一个哭泣的孩子，一个具有语言智能优势的人可能通过与孩子温暖、细腻的对话劝慰孩子，另一个具有音乐智能优势的人则可能即兴哼唱一首歌曲帮助孩子摆脱忧伤。再如，两个人参与一座桥梁的设计工作，其中一个人具有博物学家智能优势，会非常注重桥梁与自然环境的和谐，另一个人具有空间智能优势，则会注重桥梁的造型及其与周围事物的位置关系，他们都完成了设计任务，但基于开放的思维过程他们表现出不同的解决问题的策略。

总之，在表现性评价中凸显思维过程的开放性，就像给学生一个工具箱，学生不仅藉此学会各种工具的使用，还要尝试根据不同的情境选择恰当的工具解决问题，这对测评、提升学生思维的灵活性及功能性无疑是非常重要的。

（2）开放的评价标准。我们都很熟悉并且认同一个教育评价理念，"不能用一把尺子衡量所有学生"。从测评的角度看，这要求评价标准具有开放性。让学生成长并变得优秀是教育的追求，但何谓成长？何谓优秀？对每个学生来说判断的标准是不同的，或者说此标准是有开放性的。如果用一把尺子衡量所有学生，就有可能给予学生不公平的评价。例如，一个学生数学考了第1名，他当然是优

---

① 参见［美］加德纳：《多元智能新视野（纪念版）》，沈致隆译，浙江人民出版社2017年版。

秀的，另一个学生从上次考试的 60 分提高到 80 分，虽然排名不靠前，但能取得这么大的进步，不也称得上优秀吗？在基于表现性评价的思维测评中，学生有机会表现出个体差异，即通过不同的思维路径解决问题、完成任务，并在此过程中表现出不同的思维效能和思维品质，相应的评价标准也需要具有开放性。因此，我们在设定评价标准时不要追求绝对的明确、具体、固化，而要使评价标准有弹性、适应性和宽容度。

需要指出的是，评价标准具有开放性并不是说它可以是模糊、随意的，有弹性的尺子首先得是一把尺子。同时，表现性评价的标准具有开放性，意味着对学生的思维表现进行评价时可能需要评价者主观介入，这就会涉及把握评分标准、保证评分一致性的问题，这就更需要评分标准在具有开放性的同时保证其明确、清晰、没有歧义。要做到这一点，最关键的是把握好概括与具体的关系，即明确上位的、方向性的评价标准，同时不要将标准定得过于具体。

例如，外地来北京旅游的客人，当天有三个活动项目请他们自选，第一组是民俗之旅，第二组是自然风光之旅，第三组是美食之旅。"游客有收获""游客很投入"是评价活动组织是否成功的关键，是应该明确的上位的、方向性的评价标准。因为三个组的活动有差异，就不适合设置更具体、微观的标准，即游客有怎样的表现才算是"有收获""很投入"。基于这样的原则，以下介绍两种设定开放性评价标准的方法。①

第一，PTA 评量法。PTA 是 Primary Trait Analysis 的缩写，意思是基本要素分析。PTA 评量是美国教师沃尔弗德与安迪生以

---

① 参见高凌飚等：《开放性试题的编制与评分》，《人民教育》2009 年 8 月。

及她们的同事倡导和开发的一种对于学生作业，尤其是开放性作业——如英语口语、作文、实验操作、研究报告、艺术表演等——的评价方法。PTA评量的理论假设是：学生任何一种学习表现中都存在若干基本要素，包括知识、技能、素养，在对学生的学习表现进行评量时确认这些要素并将其作为评量的基本依据。由此可见，我们提出的上位的、方向性的标准与PTA评量法提出的基本要素是契合的。我们来看一个应用PTA评量法的例子，给学生布置一个表现性任务：

钟表的时针和分针在12点重合，多少分钟后它们将再次重合？用数学方法解此题，并写一篇向初一学生讲解此题的教案。

这是一个表现性任务，依据PTA评量法的理念，设置评价标准的关键是确定体现学生知识、技能、素养的基本要素。这些基本要素包括：

- 基础知识。能用数学方法表征时针与分针的速度。
- 具有转化的思维意识，将此问题转化为"追及问题"。
- 了解教案的基本形式，能将解题思路完整、清晰地表达出来，并突出重、难点。
- 有听众意识，能根据初一学生的实际状况编写和调整教案。

这样的评分标准既有开放性，又是方向明确的，有助于保证对学生评价的合理性与准确性。

第二，SOLO评价法。SOLO是Structure of the Observed Learning Outcome的缩写，意为"可观察的学习结果的结构"。SOLO评价法是比格斯教授首创的一种以等级描述为特征的质性评价方法。SOLO评价法的关键是把学生的表现由低到高划分为五个层次：

● 前结构。学生基本上无法理解问题和解决问题，只提供了一些逻辑混乱、没有论据支撑的答案。

● 单点结构。学生依据孤立的知识或事实得到结论。

● 多点结构。学生解决问题时有多个思路或调动多个知识，但未能把这些思路和知识整合起来。

● 关联结构。学生能将解决问题的多个思路或知识整合起来。

● 拓展结构。学生能够对问题进行抽象、理论化，使问题及解决问题的方法得到升华与拓展。

我们来看依据SOLO评价法编制的一道历史学科开放性试题及评分标准：

【题目】下列两则材料分别表明了两种截然不同的观点。你同意哪一种观点？请说出你的理由。

材料一：夏、商、周、汉封建而延，秦郡邑而促。（摘自柳宗元《封建论》）

材料二：秦有天下，裂都会而为之郡邑，废侯卫而为之守宰，据天下之雄图，都六合之上游，摄制四海，运于掌握之内，此其所以为得也。不数载而天下大坏，其有由矣。亟役万人，暴其威刑，竭其货贿。负锄梃谪戍之徒，圜视而合从，大呼而成群。时则有叛人而无叛吏，人怨于下而吏畏于上，天下相合，杀守劫令而并起。咎在人怨，非郡邑之制失也。（摘自柳宗元《封建论》）

【评分标准】

①前结构的回答。回答只出现了一个简单的判断，我们不知道学生是根据什么得出这种判断的。如：A.分封制是不对的。B.郡

县制要比分封制好得多。

②单点结构的回答。回答只看到问题的一个方面，学生只根据片面的材料就得出绝对的结论。如：A. 实行分封制是对的，因为夏、商、周和汉朝实行分封制，国家的寿命都很长。B. 实行郡县制是对的，因为秦朝以后大多数朝代都实行郡县制。

③多点结构的回答。回答能够认识到问题的多个方面，但是未能建立起这些方面之间的联系。如 A. 夏、商、周和汉朝实行了分封制，国家较长久，秦朝实行了郡县制，国家较强大。B. 分封制和郡县制一直处于激烈的冲突之中，有些朝代实行了分封制，有些朝代则实行了郡县制。

④关联结构的回答。回答不但能够联系起多个事件，而且能够在多个事件之间建立起某种联系。如：分封制主要是在秦代之前实行的，而郡县制主要是在秦代之后实行的，汉代以后，某些朝代虽然也在局部地区实行过分封制，但总体上还是以郡县制为主体。郡县制取代分封制，这是一种历史的进步。

⑤拓展结构的回答。这种回答能够把对问题的认识上升到抽象的理论认识层次，能够从理论上分析为什么会出现这种现象以及这种现象的发展规律。如：分封制和郡县制的差异其实质在于中央集权和地方分权的斗争，这不仅是一个历史问题，同时也是一个现实问题。从历史上看，中央过分集权，有利于国家的统一，但不利于地方的发展，而地方过分地分权，短期内对地方的发展有好处，但往往会产生分裂势力。因此，中央集权和地方分权是一个"度"的把握问题，过分地强调任何一方面都是有后患的。

由此可见，采用SOLO评价法设定评价标准的意义在于，它超越了具体的知识内容，从一般的思维能力、思维水平对学生的表现进行评价，评价标准因此而具有开放性。同时，在设定评价标准时给出具体的样例，有助于优化评价者对评价标准的把握，而这样的样例往往是通过试评得到的，也就是说，设定开放性的评价标准是一个不断尝试和调整的过程。

（3）开放的问题生成。思维的起点是面对问题，思维的关键是解决问题，在表现性评价中设置具有开放性的问题有助于激发学生的开放性思维。评价问题的开放性体现在两个方面：

第一，设置含有不确定性的问题。世界从整体和本质上来说充满着不确定性，这是开放性系统的根本特征。思维测评的问题具有不确定性是体现思维开放性必然的要求。一般而言，测评问题包括目标、过程、条件三个要素，每一个要素都可能存在不确定性。例如，"如何对××化学反应进行优化？"解决此问题的目标有不确定性，何谓"优化"？其表现和标准是怎样的？问题解决的过程也有不确定性，优化该化学反应可能存在多种路径。问题解决的条件也不一样，该反应发生于实验室中还是生产线上？二者所涉及的条件显然存在明显差异。

网名"东意不一样"的网友在网络平台发表了文章"美国人均GDP是中国的6倍，那美国人生活质量是中国的几倍？"。这篇文章的标题就是一个问题，各位读者请想一想，你会如何回答这个问题？下面我们来看"东意不一样"对这个问题的回答：

2023年全球GDP总量104万亿美元，美国27.36万亿美元，中国约17.89万亿美元，中美占全球GDP比重分别为17.2%和24.2%。中国第一、二、三产业占比分别为7.1%、38.3%和54.6%，美国第一、二、三产业占比分别为1%、17.7%和81.3%。第一产业，美国增加值2517亿美元，中国1.27万亿美元，中国是美国的5倍；第二产业，中国增加值6.85万亿美元，美国4.82万亿美元，仅为中国的70.44%；第三产业，中国增加值9.77万亿美元，美国22.3万亿美元，仅此一项就超过了中国所有增加值之和，可见美国服务业有多"逆天"。

"甜甜圈"[①]去美急诊科，仅跟医生聊了15分钟，就收到了一份5670美元的医疗账单，约4万人民币。他开车撞凹别人的保险杠，就喜提1.1万美元理赔，约8万元人民币。这哥们到美国不到1年，就创造了差不多2万美元GDP。有位抖音博主晒她在美国顺产生娃的账单，总费用87891美元，约合63.7万元人民币。进产房前在病房等候4小时4900、产房14706、化验8794、止疼药3608、麻醉剂3036、医用耗材677……还有一项价值4000美元的皮肤接触项目，就是娃刚生下来，护士把娃抱到她跟前，让她摸一下，吓得她都没敢看自己娃一眼。有位在上海妇幼顺产的女士也晒了她的账单，共计5505元人民币。两相对比，美国生娃费用大概是中国的116倍。

2023年，美国消费市场规模18.6万亿美元，中国消费市场规模6.9万亿美元，美国是中国的2.7倍，到底都消费了啥？只要看下大件消费就清楚了。中国：销售手机2.89亿部、汽车3009万辆、彩电3656万台、空调6085万台、冰箱冷柜1.08亿台、洗衣机7996万台……美国：销售手机3100万部、汽车1560万辆、彩电4000万台、空调866万台、冰箱冷柜8000万台、洗衣机4200

---

① 一个偷渡到美国的中年男性。

万台……中国手机销售是美国的 9.3 倍,汽车销售是美国的 1.9 倍,空调销售是美国的 7 倍。从工业品消费来看,中国远超美国,而美国大部分消费都集中在服务领域。

各位读者,你和"东意不一样"对这个问题的回答一样吗?我想很可能不一样,因为如何衡量并比较中美的"生活质量",采用怎样的数据表征"生活质量",运用怎样的论证过程,设定怎样的论证前提都有不确定性,正是这些不确定性使这个问题具有明显的开放性。因此,在思维测评中设置这样的问题非常有价值,它能够真正启发学生多重多向的思维,避免其简单地调用知识而给出答案。事实上,这样的问题没有标准答案,学生要面对问题中的诸多不确定性,运用多种思维尝试澄清这些不确定性,这个过程是开放的,给学生的思维活动留下巨大的空间,我们也能够藉此了解学生真正的思维素养。

第二,让学生自主提出问题。1944 年诺贝尔物理学奖获得者伊西多·拉比说,大部分母亲在孩子放学回家后都会问一句:"你今天学到什么了吗?"但自己的妈妈却会问:"拉比,你今天有没有提出一个好问题?"[1] 在封闭的测评中,学生面对的是他人给定的、往往有唯一正确答案的问题,学生被动地接受这样的问题并"搜索"标准答案,而在具有开放性的表现性评价中,学生有生成问题的自由。想象一下,一群孩子面对新奇、有趣的现象,只要让他们自由提问,孩子们就会提出各式各样、五花八门的问题,其中很可能有值得思考的好问题。

---

[1] [美]戴维·珀金斯:《为未知而教 为未来而学》,杨彦捷译,浙江科学技术出版社 2023 年版,第 73 页。

学生能否自主提出高质量问题是评价其思维能力的一项重要指标，换言之，能自主提出好问题就是思维素养的一个重要表现。如前所述，思维的核心功能是解决问题，这个问题源自他人的指定还是自己的生成这一点很重要。学生未来走入社会，很多时候要独自面对生活、工作、学习中的挑战，很多时候不再是被动接受他人给定的问题，而是自主澄清要解决的问题是什么，就像一个研究生写毕业论文要"选题"一样，这是其思维能力、探究能力的重要体现。因此，我们在思维测评时要保留问题生成的开放性，并将学生自主生成问题的意识和能力作为一个重要的评价标准。此外，自主提出问题是思维良好的开端，就像一个孩子会倍加珍视自己做的玩具，还会兴致勃勃地不断对其进行改良，学生亦会有强烈的愿望和动力解决自己提出的问题。

自主提出好问题不是一蹴而就的，而是探索的过程，学生基于多种思维过程尝试提出问题，但此问题不一定是最优的，要经过否定之否定的不断打磨，才能生成真问题、好问题。这个过程就像"众里寻他千百度，蓦然回首，那人却在灯火阑珊处"，会让学生明确感受到信心与成就感，并由此生发强烈、持久的解决问题的动力。

2. 过程性

前文估计铁像重量的物理题——成年人大小的实心铁像的重量大概是多少？得到答案的关键是估计人体的密度大概是多少。很多学生会说人体密度接近水的密度，即 1×10^3 千克/米^3，理由是人体 70% 由水组成，所以与水的密度接近。一个成年人的体重如果按 70~80 公斤计，铁的密度是人的密度的 7.8 倍，由此可以估算出铁像的重量大概是在 560~640 公斤之间。这道题有四个选项，其中一个是"600公斤",显然这个是所谓的正确答案。

有趣的是,如果这道题不是一个封闭的单项选择题,而是一个开放的、要求学生展现思维过程的题目,很多选择正确答案的学生的错误思维就会暴露出来,也就是说,他们的答案是对的,可思维过程中却有可能存在错误。教师可以问学生:"你们说人体的密度和水差不多,那么,世界上绝大部分人的密度比水小还是大呢?"很多学生会说:"应该比水的密度大一点,因为组成人体的除了水,还有骨骼和肌肉,这些成分的密度比水大。"教师可追问:"那么,绝大多数人在泳池中保持静止不动会怎样?会沉下去吗?"很多学生会犹豫地回答:"不会沉下去,会漂浮。"他们的回答之所以显得犹豫,是因为这个答案说明绝大多数人的密度比水小,这与他们之前的判断是相悖的。教师再追问:"看来绝大多数人的密度比水小,小得多不多呢?"正确的判断方法应该是:人在水中竖直不动,额头会露出来,由此判断人体密度与水是相当接近的。因此,如果追究学生的思维过程就会发现,很多学生对人体密度的判断是错误的——世界上绝大部分人的总体密度不是比水大,而是比水略小——虽然这不影响他们选择正确的答案。

这提醒我们,思维测评时如果只关注结果而忽视过程,很有可能无法发现学生思维中的漏洞和薄弱处。这就像我们不仅要关注一个人有没有到达目的地,还要甚至更要关注他走了哪条路,以及在行进过程中经历了什么,这对于准确判断学生的思维水平是非常重要的,而这也恰恰体现了表现性评价的价值和优势。

关注学生的思维过程,除了能观察到其思维是否存在错误和缺陷,还能够发现学生思维的多样性。不同思维过程的效能和品质可能存在差异,这是判断学生思维品质素养的重要依据。我们来看一个例子。有一道物理题在网上"火"了！一个讨论此题的帖子发出后 15 个小时，就有 2200 个回复，每个回复下面还有很多讨论和争论。

如图所示：装有水的烧杯和砝码分别放在平衡的天平两端，如果手指伸入烧杯并静止，手指没有触碰烧杯壁及底部，水也没有溢出，此时天平的状态：

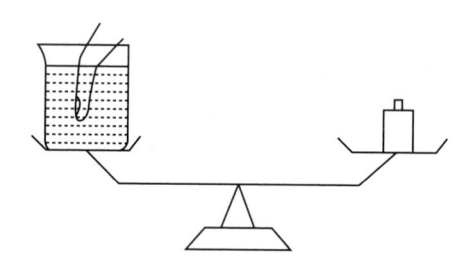

① 仍然保持平衡

② 砝码端下沉

③ 烧杯端下沉

④ 无法判断

网友的思维被充分调动，他们主动而热烈地讨论甚至争论，知识和经验被有效激活，这不正是我们期望出现在教学、测评中的情景吗？这是一个封闭式的单项选择题，正确答案是③。由于开放了评论和讨论，网友积极、充分地展现出他们的思维过程，下面是此题下的一小部分回帖。

回帖 1：机械式思维！手指是连着人身体的手指，重力落在人身上，人在天平外，所以当手指放进保持静止后，杯中的重量并没有变化，天平应该平衡。大概率会向砝码端倾斜（手指吸水，重量转到人身上)。

回帖 2：烧杯端下降。多出的质量就是手指头排开水的体积大小的质量。

回帖 3：把水换成空气，你把手伸进杯里，杯子会变重吗？

回帖 4：其实说到底，就是浮力的问题。水对手指有个浮力，手指是固定的，所以浮力转变为手指对烧杯底部的压力，烧杯端变重。

回帖 5：我是教物理的，特意看了看评论，竟然没有一个能准确说明原理的，初二压强白学了。这道题跟浮力一点关系都没有。

回帖 6：如果把水换成高浓度的粘稠液体，实验会更形象，左边的重量会更大，因为液体有向上的压强给手指，力会相互作用，手指也会给水相同的压力，只是力太小手指感觉不到而已。如果人身体下有一个称，人的质量会少 0.1，如果换成固体，那左边增加的重量就是手指的下压重量，如果换成气体，那么在下压的瞬间有质量增加（无限小），但保持静止时就没有了。

回帖 7：手指伸进水杯后，液面升高，对水杯底部压强增大，水杯底面积不变，对水杯底部压力也增大。

回帖 8：初中物理，左边增加了手指（没入水中部分）相同体积水的重量。这种方法在很多地方用来判别（实心）黄金饰品是否为纯金。

回帖 9：简单的牛顿力学定律，作用力与反作用力。手指放在水里，水对手指产生浮力，浮力的反作用力就会让水杯里的水受到与浮力大小相等、方向相反的力（向下）。其他的条件都没变化，因此水杯侧会下降。初中物理最先学习的三大定律吃透就行。

这些回帖展现了学生思维过程的多样性，非常值得琢磨。回帖1、3、5是错误的，其中回帖1错得多么自以为是，而所谓物理老师的回帖（回帖5），又错得多么理直气壮。回帖2是正确的，但稍微绕了个弯；回帖4不够简洁、直接；回帖6的回答不是很准确，但独特、形象、有想象力；回帖7不是一个常见的视角；回帖8给出了一个与物理问题相关的生活应用，扩展了我们对知识的认识；回帖9最为标准，而且上升到对物理定律的认识。此案例鲜明地显示，在表现性评价中必须关注学生的思维过程，它是学生思维的一种关键表现，对准确判断学生的思维水平和思维特点很重要。

总之，封闭的、重结果不重过程的考试也能够筛选出高能力的人，但这样的考试目标、内容、形式、评价标准留给学生发挥的余地很小，会抑制学生思维的多样性和能动性，不利于学生充分展现其真正的思维水平和个体差异。思维测评包含部分封闭性内容是可接受的，但不能全都是封闭性内容，或者以封闭的方式测试本应高度开放的内容。基于表现性评价进行思维测评有助于弥补这些缺陷，而凸显表现性评价的开放性和过程性是体现表现性评价的价值、保证其有效性的关键。

（四）保证表现性评价的评分质量

有固定、标准答案的客观题可以用电脑评分，只要试题及答案是科学、严谨的，这样的评分不存在误差。表现性评价注重开放性和过程性，往往没有唯一正确的标准答案，而且要评价学生解决问题、完成任务的过程，这样的评分往往需要评分者的主观介入，我们可将此称作主观题评分。某种意义上，主观题评分必然会产生误差。以作文评分为例，无论评分标准多么清楚、培训多么完善，请两位评分者共同评价 100 份作文，他们对同一篇作文给予不同评分的情况一定相当多。假设每篇作文存在一个体现学生真实水平的"真值"，这样的评分不一致提示了两种可能：一是两位评分者的给分均偏离了这个"真值"；二是如果其中一位的给分是"真值"，另一位的给分就必然偏离了"真值"。无论哪一种情况都说明存在评分误差。

某种意义上，我们只能努力减少、控制而不能完全消除表现性评价的评分误差，这根本上源于表现性评价的开放性及其引发的不确定性。例如，三个学生面对同样的任务并独立完成调研报告，这三份调研报告如果水平差异较大，不同评分者能够无异议地给出好、中、差的评价，但对每一份报告具体的优势和不足，不同评分者就有可能出现分歧；或者，对于两份水平接近的报告，不同评分者对它们的具体评价可能出现异议，如果一定要区分两篇报告的优劣，评分者可能感觉这是一项困难乃至不可能完成的任务。

我们来看一个案例。2020 年 8 月 3 日，一篇题为《生活在树上》的浙江高考满分作文冲上主流网络媒体的"热搜"。据浙江教学月刊社微信公众号 8 月 2 日发布的文章，这篇作文在阅卷时就已引起争论。第一位阅卷老师只给了 39 分，而后面两位老师都给了 55 分的高分，最终作文审查组判为满分。浙江省高考作文阅卷大组组长陈建新说：

这样的文字，较易令人看不懂，所以第一位阅卷老师只给了 39 分，但后面两位老师都给了 55 分的高分，说明我们的阅卷老师还是能识别作文的好坏的。作文审查组老师认真细读这篇作文，一致给出高评。我们认为，把此文打成满分，不仅是给予这篇作文恰如其分的分数，也是展现浙江高三学生的作文水准。然而，要写成这样，需要考生阅读大量书籍，而非背诵几条名人名言就行的。而文字的表达如此学术化，也不是一般高中学生能做到的。当然，其中的晦涩也不希望同学们模仿。

由此可见，具有开放性的主观题评分是一项相当复杂乃至困难的工作。开放式评分可谓基于表现性评价的思维测评的最后一个环节，如果其质量不高，整个测评的质量都会受到拖累，可谓功亏一篑。因此，保障、提高开放性题目的评分质量非常重要。

总的说来，保证评分质量要关注三个因素：评分者、评分标准、评分一致性。

1. 高水平的评分者

当前，主观题评分必须由评分者完成，而且必须是高水平的评分者。更准确地说，评分者应当是测评学科的专家，对该学科领域有着全面而深刻的理解。生活中有各种各样的艺术和体育比赛，其中有很多都涉及主观性评分，评分的公平合理是这些比赛能够被人们接受、欣赏的一个关键条件。因此，这些比赛的评分者一定是该领域的专家，他们中的绝大部分还曾经参与比赛并且是个中高手。

表现性评价需要明确、合理的评分标准，但如前所述，这个标准往往具有开放性，需要评分者对其形成深刻理解，并且能够将评分标准与学生的思维表现关联起来，对多样、开放的学生表现进行分析，判断其表现在多大程度上体现了评价标准的要求。以上述高考作文的评分为例，不同的评分者给出了差异相当大的分数，如果这是一篇好作文而给了低分，或者作文不好而给了高分，都说明评分者的"眼光不够好"。在这个意义上，评分者成为衡量学生表现的"一把尺子",其水平决定了这把尺子的精度,进而决定了开放题评分的质量。

主观题评分事实上也是对评分者能力和水平的检验,检验他们对学生表现和评分标准的理解与判断,而这无疑与其在测评领域的积累和素养密切相关。对思维测评而言,我们前面提到要注重过程,这实际上也对评分者提出了更高的要求,即评分时不能只看完成任务的结果,还要关注学生完成任务的过程。例如,学生用某种不常见却十分巧妙的方式解决了数学问题,一个"眼光好"的评分者才能注意到这一点并将其作为评分的依据。因此,我们应当对评分者进行培训,通过培训让评分者能够更好地把握评分标准,保证评分的规范性。同时我们要意识到,评分者的素养不是短时间能够通过培训提高的,因此,对评分者的筛选很重要,为此要建立一个评分者人才库,为选择合格乃至高水平的评分者提供保障。

2. 明确合理的评分标准

表现性评价的评分标准应有开放性,但开放不是随意和盲目,相反,我们需要通过明确合理的评分标准来抑制因开放而可能导致的评分误差。下面以上述高考作文的评分为例,说明明确、合理的评分标准有多重要。

如上所述,阅卷者们对此作文的评分存在争议,经过集体评议最终给了满分。阅卷组组长认为,这说明"我们的阅卷老师还是能识别作文的好坏的"。这个说法可能有问题,为什么给了高分就是"能识别作文的好坏"?这只能表明他们认为好而已,只给39分的评分者就认为这篇作文不好。如何评价这篇高考作文在社会上也引起很大的争议。

著名诗人、小说家黄梵在微博上说:"如果我是阅卷老师,我会给满分!"他认为,该考生对事物的看法不单一、不幼稚,很有思考力。

一名文学博士在黄梵微博下留言:"看了三遍,没看懂。文章本质是给人阅读的,如果不知所云,就是失败的。"

黄梵回应该文学博士:"文章的主题应当是多重的,不然历代学者对经典的诠释就没有意义,所有诠释其实都构成经典的一部分。我们主要已被单一主题的写作教学带偏了,所以,面对文章的多重主题和多重真实,就很不适应,会以晦涩难懂来掩饰我们自己的阅读惰性。"

悬疑小说家那多在微博中说:"撇开引用不谈,没有一句话是好好说的。文章需要准确传达作者的情和意,很罕见的时候,我可以理解写作者在当代汉语里找不到合用的词,必须往生僻里找,但我个人写作生涯里从未碰到此类情况。这篇满分作文里每一句话都有普通读者不熟悉的词汇,这是迫不得已?"

在人民文学奖、朱自清散文奖得主马伯庸看来,这篇作文很难用"满分好作文"或者"烂作文"来简单评价,其夺人眼球的部分是大量的生僻词、生僻典故和生僻表达,说明考生知识面和阅读量都远超同侪,但他提出疑问:"这对写作来说其意义和价值如何?"

表现性评价因其开放性而存在争议是允许的,也是正常的,但我们要意识到,争议不能被忽视和放任,因为这样的争议显示缺乏明确、合理的评分标准,或不同的评分者未能对标准形成一致的理解。此时,我们要分析争议指向的是质还是量。例如,两个评分者一个认为作文很差、一个认为作文很好,这就是质的争议;如果两个评分者都觉得作文属于"良"的级别,只不过一个认为应该给26分,另一个认为应该给28分,这即为量的争议。出现质的争议往往说明评分者没能对评分标准形成一致性的理解，或者缺乏明确合理的评分标准，这就要求我们建立或重建评分标准。

阅卷组长说明了为什么要给这篇作文满分："在我几十年的高考作文阅卷生涯中，这是一篇极少能碰到的考场作文。它的文字的老到和晦涩同在，思维的深刻与稳当俱备。……细读后你会发现，它的每一句话都围绕着个人的人生理想和家庭社会的期待之间的落差和错位论说，文章从头到尾逻辑严谨，说理到位，没有多余的废话，所有的引证也并非为了充门面或填充字数。"这段话事实上就是评分者对这篇作文的评价，其中蕴含着他的评价标准：

- 独特，老到和晦涩同在。
- 思维的深刻与稳当俱备。
- 逻辑严谨。
- 说理到位。
- 引证丰富且有价值。

可以想见，如果这个标准是大家接受的，并且在对这篇作文进行评分前提出来，或者出现争议时对已有评分标准进行改进和完善，就会避免争议。需要指出的是，阅卷组组长的上述解释并不能平息"生僻的词、典故、表达有必要吗"之争议，这不仅关乎如何运用知识、资料和写作技术，而是指向"高中生到底应该写怎样的议论文和怎样写议论文"这一根本问题。基于此，面对主观题评分争议，完善、重建评分标准除了直接针对评分争议，还应该重新审视课程标准、考试大纲，从根本上保证评价标准与教学目标的契合。总之，对作文这样具有开放性的表现性评价而言，出现已有评价标准无法"覆盖"学生表现的情况是正常的，在评价过程中根据学生的表现调整、更新评价标准则是必然的。

3. 提高评分一致性

如上所述，表现性评价的开放性会带来不确定性，体现在评分环节，不同的评分者往往会给出不同的分数。为了应对这种情况可以采取多人评分，就像艺术和体育比赛往往会由多人评分，有些项目的评分者多达五人以上，教育领域中主观题如作文评分往往采用二人评分。一般说来，当评分者人数比较多时，可去掉最高分和最低分后再计算平均分；只有两个评分者时，可设定一个分差限值，当二人评分分差大于或等于此限值则交由第三人或组长再评。从测量的角度看，增加评分者人数可以在一定程度上抵消随机误差。

采用多人评分意味着我们需要面对和解决一个问题，即保证、提高多个评分者的评分一致性。设想一种理想情况：学生完成了表现性评价的任务，根据其表现评分者给出一个准确对应其能力的分数，这个分数即为表征其某项能力的"真值"。如果多个评分者对该生的表现进行评分，理论上，他们的评分应该都是这个"真值"，即所有评分者给出完全一致的分数，但实际上，不同评分者给出的分数绝大多数情况下有差异，为此提高评分者一致性就显得很有必要了。

如何提高评分一致性？有四点需要注意：

第一，设置准确严谨的、可理解的、操作性强的评分标准，这是提高评分一致性的前提。

第二，对评分者进行培训，使其真正理解评分标准，这个过程中要给评分者提供评分样例。

第三，正式评分前进行试评，使评分者通过试评熟悉、理解、把握评分标准和评分细则。在这个过程中我们要重视评分者出现的分歧，引导评分者根据评分标准讨论为何出现分歧，这有助于评分者对评分标准形成更深刻的理解。同时，我们也需要通过评分者之间的分歧反思评分标准是否合理、清晰，进而改进和完善评分标准。

第四，对评分者的评分状态进行监测并及时干预。通过对评分者评分的即时监测，我们可能会发现两方面的问题，一是其评分普遍偏高或偏低，二是其评分出现明显的波动。造成第一种情况的原因往往是评分者没有吃透评分标准，对评分标准的把控过严或过松，针对这种情况，我们应当将评分结果反馈给评分者，帮助其做出适当的调整。相较而言第二种情况比较麻烦，这种忽高忽低的不稳定状态不易调整，因为很难明确造成这种现象的成因是什么，如果评分者不能改变此状况，可能需要取消其评分资格。

需要提醒的是，高的评分一致性对保证评分质量是必要条件而不是充分条件。假设学生完成某项任务的表现显示其能力的"真值"是8分，三名评分者都打了5分，评分一致性虽然很高，与"真值"相比却存在明显的系统性偏差。因此，我们追求的是能保证真确性的评分一致性，评分一致性是手段，真确性是目的。

保证评分一致性还要注意可能因此而出现的趋中效应。该效应指评分者忽视学生的实际表现，倾向于给出接近平均分或中等的分数。也就是说，评分者面对学生优异的表现会给出偏低的分数，面对学生较差的表现却又会给出偏高的分数。追求高的评分一致性可能是造成此现象的一个重要原因。例如，2个评分者共同评分时，分差达到某个数值会被要求重评或交由评分组长审核，为了避免这个麻烦，评分者会有意或无意地将给分"往中间靠一靠"，从而形成趋中效应。此效应可看作是保证评分一致性的副作用，是人们规避风险的一种心理反应。

如何探知评分过程中存在趋中效应？我们可计算某题的主观题评分与整卷总分或客观题总分的相关系数，因为这些题目的作答都是由同一个学生完成的，只要题目质量足够高，理论上二者应当高相关。基于此，我们可以将相关系数低的主观题筛选出来，审查其评分是否存在趋中效应。需要提醒的是，相关系数低只是提示"可能"存在评分不当的情况，而学生有可能确实在某道题上相对来说表现得更好或更差，这一点是需要进行甄别的。

附录1
课程标准中与思维相关的内容

下面是7—9年级各学科课程标准中与思维相关的内容,其中描述思维活动的文字被加粗了。[①] 从中我们可以看到多种多样的思维过程对完成学科学习任务的价值,同时,这些内容也是思维素养培养和测评的基本依据。

需要注意的是,我们在审视其中有关思维过程的内容时,要将其提法与本书第二章"具体的思维过程"中的内容关联起来。例如,语文课标要求学生"能提出自己的看法","提出"即为思维活动的结果,这种思维活动包含我们在第二章分析的"聚焦与识别""表征与定性""分析与辨别""归纳与概括"等思维过程,而"归纳与概括"相对而言是"提出"的核心思维过程。基于这样的分析,我们就能够将课标对学生思维的要求具体化、明确化,从而将思维素养的培养和测评落到实处。

[①] 参见中华人民共和国教育部制定:《义务教育课程方案和课程标准(2022年版)》。

- **语文（7—9年级阅读）**

在通读课文的基础上，**理清**思路，**理解**、分析主要内容，**体味和推敲**重要词语在语言环境中的意义和作用。对课文的内容和表达有自己的心得，能**提出**自己的看法，并能运用合作的方式，共同**探讨**、**分析**、**解决**疑难问题。**欣赏**文学作品，有自己的**情感体验**，初步**领悟**作品的内涵，从中获得对自然、社会、人生的有益启示。阅读简单的议论文，**区分**观点与材料（道理、事实、数据、图表等），**发现**观点与材料之间的关系，并通过自己的思考，作出**判断**。阅读新闻和说明性文章，能**把握**文章的基本观点，**获取**主要信息。阅读科技作品，还应注意**领会**作品中所体现的科学精神和科学思想方法。阅读由多种材料组合、较为复杂的非连续性文本，能**领会**文本的意思，**得出**有意义的结论。

- **数学**

建立数感、符号意识和空间观念，初步形成几何直观和运算能力，发展**形象思维与抽象思维**。**体会**统计方法的意义，发展**数据分析**观念，感受随机现象。在参与**观察**、**实验**、**猜想**、**证明**、综合实践等数学活动中，发展**合情推理**和**演绎推理**能力，清晰地表达自己的想法。学会独立思考，**体会**数学的基本思想和思维方式。

- **英语（五级中的"读"）**

能根据上下文和构词法**推断**、**理解**生词的含义。能理解段落中各句子之间的**逻辑**关系。能找出文章中的主题，**理解**故事的情节，**预测**故事情节的发展和可能的结局。能根据不同的阅读目的**运用**简单的阅读策略获取信息。

- **物理**

经历**观察**物理现象的过程，能简单**描述**所观察物理现象的主要特征，能在**观察**和学习中**发现**问题，具有初步的观察能力及**提出问题的能力**。通过参与**科学**探究活动，学习**拟订**简单的科学探究计划和实验方案，有控制**实验条件的意识**，能通过**实验收集数据**，会利用多种渠道收集信息，有初步的**信息收集能力**。经历**信息处理**过程，有对信息的有效性、客观性作出**判断**的意识，经历从信息中**分析**、**归纳**规律的过程，尝试**解释**根据调查或实验数据得出的结论，有初步的**分析概括**能力。学习物理学家在科学探索中的研究方法并能在解决问题中尝试应用科学研究方法。

- 化学

认识科学探究的意义和基本过程，能进行简单的**探究**活动，增进对科学探究的**体验**。初步学习运用**观察**、**实验**等方法**获取**信息，能用文字、图表和化学语言**表述**有关的信息；初步学习运用**比较**、**分类**、**归纳**和**概括**等方法对获取的信息进行加工。能用**变化和联系**的观点**分析**常见的化学现象，**说明**并**解释**一些简单的化学问题。

- 生物

初步具有**收集**、**鉴别**和利用课内外的图文资料及其他信息的能力。初步学会生物科学探究的一般方法，发展学生**提出问题**、**作出假设**、**制订计划**、实施计划、得出结论、表达和交流的**科学探究能力**。初步学会运用所学的生物学知识**分析**和**解决**某些生活、生产或社会实际问题。

- 地理

通过各种途径**感知**身边的地理事物和现象，**积累丰富的地理表象**；初步学会根据收集到的地理信息，通过**比较**、**分析**、**归纳**等思维过程，形成地理概念，**归纳**地理特征，**理解**地理规律。运用已获得的地理基本概念和地理基本原理，对地理事物和现象进行**分析**，作出**判断**。善于**发现**地理问题，**收集**相关信息，**运用**有关知识和方法，提出解决问题的**设想**。

- 科学

理解科学探究是获取科学知识的基本方式，是不断地**发现问题**，通过多种途径**寻求证据**、运用**创造性思维**和**逻辑推理**解决问题的过程。经历**提出**问题和假设，**设计研究方案**，**获取证据**，**分析**和**处理**数据，得出结论的过程。

- 历史

通过多种途径**感知**历史，学会从当时的历史条件**理解**历史上的人和事，并经过**分析**、**综合**、**概括**、**比较**等思维过程，形成历史概念，进而**认识**历史发展的时代特征和历史发展的基本趋势。在学习历史的过程中，逐步学会**运用**时序与地域、原因与结果、动机与后果、延续与变迁、联系与综合等概念，对历史事实进行**理解和判断**。在**了解**历史事实的基础上，逐步学会**发现问题**、**提出问题**，初步**理解**历史问题的价值和意义，并尝试体验**探究**历史问题的过程，通过搜集资料、**掌握证据**和独立思考，初步学会对历史事物进行**分析和评价**，并在**探究**历史的过程中尝试**反思**历史，汲取历史的经验教训。

- 思想品德

学习**搜集**、**处理**、**运用**信息的方法，提高媒介素养，能够积极适应信息化社会。学会面对复杂的社会生活和多样的价值观念，以正确的价值观为标准，作出正确的道德**判断**和**选择**。

- 美术（造型·表现学习领域）

观察、**认识**与**理解**线条、形状、色彩、空间、明暗、肌理等基本造型元素，运用对称、均衡、重复、节奏、对比、变化、统一等形式原理进行造型活动，增进**想象力**和**创新意识**。

- 音乐

完整而充分地聆听音乐作品，在音乐**体验**与**感受**中，**享受**音乐审美过程的愉悦，**体验**与**理解**音乐的感性特征与精神内涵。通过亲身参与演唱、演奏、编创等艺术实践活动，并适当地运用**观察**、**比较**和**练习**等方法进行**模仿**，**积累**感性经验，为音乐**表现**和**创造**能力的进一步发展奠定基础。通过以音乐为主线的艺术实践，**渗透和运用**其他艺术表现形式和相关学科的知识，更好地**理解**音乐的意义及其在人类艺术活动中的特殊表现形式和独特的价值。

- 体育

加深对体育运动的**理解**。

附录 2
一个有关思维素养培养的教学案例

如何将思维培养真正融入日常教学中？我们不断强调，思维的出发点和落脚点是面对问题、解决问题，好问题是思维最有效的驱动。

我曾给初中生上过一节有关生态系统的课，授课过程有效地激发了学生的学习兴趣和思维主动性，能做到这一点，根本原因是以师生对话为载体，用一系列高质量的问题将教学串起来。这些问题有些是我预先设计的，有些则是学生的思维被调动后他们主动提出来的，高质量的问题为思维融入教学提供了条件，为思维素养培养奠定了基础。

这节课，我首先用视频展示了我的一个生态良好、生机勃勃的"不需要换水的生态鱼缸"，这充分调动了学生的兴趣和好奇心。下面是我（师）和学生（生）的对话：

师：同学们，看到我这个鱼缸了吗？已经半年没有换水了，只是过几天往里面补一些水。

生：啊？为什么可以不换水啊？！

师：因为它实现了良好的生态平衡。

（学生看上去很困惑）

师：我们先来探讨一下普通鱼缸为什么要换水吧。因为鱼的粪便被分解会不断产生有害物质，积累到一定程度就会损害鱼的健康。这是生态不平衡的表现，也是生态不平衡的结果。

生：什么是生态平衡？为什么鱼在达到生态平衡的鱼缸里不会死？

师：这个问题问得好！这就是今天我们要学习的内容。生态平衡是指在一定时间内，生态系统中的生物和环境之间、生物各个种群之间，通过能量流动、物质循环，使它们相互之间达到高度适应、协调和统一的状态。

生：这是不是电视上说的生态养殖？就像稻田养鱼养小龙虾？老师，你这个是"生态鱼缸"啊！

师：你说得好！二者原理上是一样的。"生态鱼缸"这个名字取得好，就像我们国家现在大力推进生态农业、生态养殖。

生：老师，你前面说鱼的粪便产生有害物质，那你这个生态鱼缸怎么解决这个问题的？

师：是的，鱼缸里有你们看不见的东西把鱼的粪便"吃"了，更准确地说，是分解了。这是我的鱼缸能达成生态平衡的重要因素。

生：老师，老师，什么东西把鱼的粪便"吃"了？

师：同学们看，这个鱼缸里有鱼，有水草，有小虾，还有螺，这是它能实现生态平衡的一个重要原因。还有一个重要的你们看不到的东西——硝化细菌，这种微生物对维持良好水质实在太重要了。

生：啊？硝化细菌？是吃东西时的"消化"吗？

师：不是，"硝"是石字旁的"硝"。鱼的粪便代谢后会产生亚硝酸盐，亚硝酸盐可是剧毒物质，一个成人摄入0.2~0.5克可引起中毒，3克可致死。鱼缸中的亚硝酸盐不断累积达到一定浓度就会对鱼造成伤害。而硝化细菌能将亚硝酸盐氧化成硝酸盐，从而保持良好的水质。

生：好厉害的细菌！老师，这硝化细菌是哪里来的？我妈做酸奶是往牛奶里加乳酸菌，可以把硝化细菌加到鱼缸里吗？

师：这个问题好！市场上确实有卖硝化细菌的，加到鱼缸中大约12小时就会显效。不过啊，硝化细菌在自来水中就有，只不过含量比较低。你们听说过"养鱼先养水"的说法吧，养水养什么？主要就是养这个硝化细菌。自来水接到鱼缸中，在鱼缸中放一点高蛋白含量的鱼食，一周左右硝化细菌就繁殖起来了。

生：这么神奇啊！老师，我怎么知道鱼缸里有硝化细菌了呢？

师：鱼缸中无论有多少硝化细菌，你都是看不到的，但你会发现鱼缸中的水变得透亮，有莹润感。

生：哈哈！透亮？莹润感？

师：你们对比一下我的鱼缸中的水和烧杯中我刚接的自来水，是不是不同？能感受到透亮和莹润感吗？

生：啊，真的诶！

师：这就是好水质的外观表现。

生：老师，硝化细菌很厉害啊！是不是有了硝化细菌就能达到生态平衡了？水草、小虾和螺有什么用呢？

师：硝化细菌代谢水中的亚硝酸盐，使三价氮物质转化为二价氮物质，已经使毒性大大降低。但是，二价氮物质如果不断累积，到了一定浓度仍然会对金鱼造成伤害。这时就需要水草出场了，二价氮物质能够被水草作为促进生长的营养吸收，其浓度会被降低到安全水平，从而使鱼缸系统更接近生态平衡。

生：有趣，有趣！那么，小虾和螺呢？

师：小虾和螺以鱼的粪便为食，进一步代谢了鱼粪便中的有机物，也就是提高了鱼缸中金鱼排泄物的无机程度，从而抑制了水体可能出现的富营养化。

生：富营养化？我好像在哪里听说过。对了，滇池水质的恶化是不是富营养化造成的？

师：你联想得好，也说得对！一方面，无机盐和有机物被超量排入滇池；另一方面，外来物种水葫芦疯狂繁殖，遮蔽了水面，水下植物和生物大量死亡，有机物的分解、代谢被大大削弱导致水质恶化，而水质恶化又使得水中大量生物及微生物死亡，从而引发了恶性循环。

生：啊，这样啊！

师：同学们，要下课了。

生：老师，老师，我还有问题……

师：我知道你们还有很多问题，我们在后面的学习中再讨论。下课之前，我要提几个问题，你们带着这些问题更深入地理解生态平衡，好吗？同学们看这些问题：

（1）维持鱼缸的生态平衡需要什么条件？哪些因素会影响其生态平衡？

（2）生态平衡会被打破吗？如果会，你认为发生了什么？

（3）鱼缸中的植物和动物有什么特点，如何选择恰当的植物和动物？

（4）除了对水质进行肉眼观察，我们可以用更科学、更客观的指标监测水质吗？请同学们课下收集相关资料，提出水质监测的指标和方法。

此案例展示了"对话式"教学的基本样貌，它不是教学的唯一形式，但对培养学生思维素养非常有价值，尤其对改变学生被动接受知识的学习方式非常关键。建议读者结合第一章的三个案例，仔细体会此教学过程中所蕴含的具体思维过程，尝试在自己的教学中通过有效调动学生的思维，将思维素养的培养真正融入到教学中。

附录 3

具体思维过程索引

聚焦与识别 / 124

表征与定性 / 127

模仿与再现 / 128

联想与想象 / 130

比较与分类 / 134

归纳与概括 / 137

猜想与尝试 / 140

假设与验证 / 144

追溯与探源 / 147

分析与辨别 / 149

权衡与选择 / 152

等效与转化 / 155

搜证与实验 / 157

A、B 面思维 / 161

应用与一般化 / 166

模式识别与表达 / 168

逆向与发散思维 / 172

要素与框架思维 / 175

反思与否定之否定 / 178

转换视角与换位思考 / 180

"最"思维与极限思维 / 182

估计、预测与趋势分析 / 186

后记
AFTERWORD

我的第 16 本书。

落字为凭——一个教师如何工作与生活的"凭证"。

一日一日，一字一字；自有微风穿林，自是无执无争。

感谢本书的编辑任红瑚女士，她提出的专业修改建议及认真细致的校对，对保证本书的质量非常重要。感谢华东师范大学出版社北京分社的李永梅社长，为本书的出版提供支持，也感谢出版社发行部的各位老师！